中国古代哲学思想

徐 潜 主 编

吉林文史出版社

图书在版编目（CIP）数据

中国古代哲学思想／徐潜主编．—长春：吉林文史出版社，2013.4（2023.7 重印）

ISBN 978-7-5472-1526-5

Ⅰ.①中…　Ⅱ.①徐…　Ⅲ.①哲学思想-中国-古代-通俗读物　Ⅳ.①B21-49

中国版本图书馆 CIP 数据核字（2013）第 064080 号

中国古代哲学思想

ZHONGGUO GUDAI ZHEXUE SIXIANG

主　　编	徐　潜	
副主编	张　克　崔博华	
责任编辑	张雅婷	
装帧设计	映象视觉	
出版发行	吉林文史出版社有限责任公司	
地　　址	长春市福祉大路 5788 号	
印　　刷	三河市燕春印务有限公司	
版　　次	2013 年 4 月第 1 版	
印　　次	2023 年 7 月第 4 次印刷	
开　　本	720mm×1000mm　1/16	
印　　张	13	
字　　数	250 千	
书　　号	ISBN 978-7-5472-1526-5	
定　　价	45.00 元	

序　言

　　民族的复兴离不开文化的繁荣,文化的繁荣离不开对既有文化传统的继承和普及。这套《中国文化知识文库》就是基于对中国文化传统的继承和普及而策划的。我们想通过这套图书把具有悠久历史和灿烂辉煌的中国文化展示出来,让具有初中以上文化水平的读者能够全面深入地了解中国的历史和文化,为我们今天振兴民族文化,创新当代文明树立自信心和责任感。

　　其实,中国文化与世界其他各民族的文化一样,都是一个庞大而复杂的"综合体",是一种长期积淀的文明结晶。就像手心和手背一样,我们今天想要的和不想要的都交融在一起。我们想通过这套书,把那些文化中的闪光点凸现出来,为今天的社会主义精神文明建设提供有价值的营养。做好对传统文化的扬弃是每一个发展中的民族首先要正视的一个课题,我们希望这套文库能在这方面有所作为。

　　在这套以知识点为话题的图书中,我们力争做到图文并茂,介绍全面,语言通俗,雅俗共赏。让它可读、可赏、可藏、可赠。吉林文史出版社做书的准则是"使人崇高,使人聪明",这也是我们做这套书所遵循的。做得不足之处,也请读者批评指正。

编　者

2012 年 12 月

目　录

阴阳家与阴阳五行学说

  阴阳家是战国时期主要学派之一，以提倡阴阳五行学说为宗旨，主要代表人物是战国末年齐国人邹衍。五行文化是我们的祖先通过长期观察天文气象活动与当时农耕文化活动之间的关系感悟出来的，是长期农耕文化活动实践经验的总结。阴阳是古人对宇宙万物两种相辅相成的性质的一种抽象定义，也是宇宙对立统一及思维法则的哲学范畴。阴阳并不是处在静止不动的状态，而是处于运动变化之中，阴阳消长保持相对的动态平衡，维持事物不断的发展变化。

一、阴阳家简介

阴阳家是战国时期主要学派之一，因以提倡阴阳五行学说为宗旨，故名阴阳家，又称阴阳五行家或五行家。《汉书·艺文志》将其列为九流之一，主要代表人物是战国末年齐国人邹衍。

人类幼年时期对自然和社会的认识是幼稚的，但这幼稚的认识却是文明时代哲学的胚胎，含有早期朴素唯物主义和辩证思想。

进入阶级社会后，一部分哲学胚胎发育为宗教唯心主义哲学，另一部分胚胎则萌发出朴素的唯物论和辩证法。

早期人类习惯于以形象思维的方式去认识世界。所谓形象思维就是人们在认识世界的时候用客观事物的具体形象进行思维和表述，即用具体的东西表示抽象的思想，如五行和阴阳学说。

阴阳五行学说是在直接经验基础上获得的，即"近取诸身，远取诸物"（《周易·系辞下》）。"五行"一词最早见于我国古代文献《尚书》，指金、木、水、火、土，代表了世间万物，是人类不可缺少的生活资料。五行学说含有朴素的唯物主义思想。

阴阳代表事物的两个方面，即事物的对立面。阴阳学说不仅指出了组成一个事物的对立面，而且还涉及了对立面的转化，含有朴素的辩证法思想。

历史学家曾对诸子百家试行分类，第一个试行分类的人是司马迁的父亲司马谈。《史记》最后一篇中引用了司马谈的一篇文章《论六家要旨》。这篇文章把以前几个世纪的中国哲学家划分为六个主要的学派，第一个学派就是阴阳家。

阴阳家讲的是一种宇宙生成理论，由论说阴阳五行而得名。在中国哲学思想里，阴阳是宇宙形成论的两个主要原则。中国人认为在阴阳结合与互相作用下产生了一切宇宙现象。

春秋战国时代，诸侯争霸，王权衰落，各国大量招揽人才，贵族政治渐渐消失。有思想的知识分子提出了各自的政治主张。社会的剧烈变革对学术文化提出了一系列要求，学派纷纷产生，形成了百家争鸣的局面。当时，最有影响的除了儒、道两家以外，还有以墨翟为代表的墨家，以韩非为代表的法家，以公孙龙子为代表的名家，以孙膑为代表的兵家，以许行为代表的农家，以张仪、公孙衍、苏秦为代表的纵横家，以吕不韦为代表的杂家等。各派各家都著书立说，广召弟子，参与政治，学术思想极为繁荣。

作为一个学术门派的阴阳家，在这个时期应运而生了。阴阳家的代表人物是邹衍。

战国末期，经过激烈的社会变革，封建制国家纷纷出现，新兴地主阶级要求在政治上、思想上的统一。在这种社会背景下，学术思想上出现了把各派思想合而为一的杂家。杂家的产生反映了战国末期学术文化融合的趋势。杂家思想内容驳杂，有儒、道、墨、法、农家、纵横家、阴阳家等各家思想。杂家的代表性作品是《吕氏春秋》和《淮南子》。在这两部著作中，都有关于阴阳学说的论述。

秦始皇统一六国后，不仅崇尚法家，还兼用阴阳家。

汉武帝时，推行了罢黜百家、独尊儒术的政策，百家开始退出历史舞台。作为阴阳家这个派别，当然也不例外。派别虽然不存在了，但有关阴阳学术的研究并未停止。阴阳五行学说的运用在汉代形成了一个高峰，如《太乙》《六壬》这两门预测术就是在汉代完成的，同《奇门遁甲》预测术并称为"预测三式"。作为阴阳家，大都能观天象、识地利、通历法、精于阴阳五行术数的演算。

《汉书·艺文志》根据刘歆《七略·术数略》，把阴阳家的术数分为六种：天文、历谱、五行、蓍龟、杂占、形法。

第一种是天文。《汉书·艺文志》中说："天文者，序二十八宿，步五星日月，以纪吉凶之象。"这是指根据日月星辰等天象来预测吉凶祸福。

第二种是历谱。《汉书·艺文志》中说："历谱者，序四时之位，正分至之节，会日月五星之辰，以考寒暑杀生之实。"这是指制定历法，编好节气，用于指导农业生产。

第三种是五行。《汉书·艺文志》中说："其法亦起五德终始，推其极则无不至。"这是指用五行相克的学说来解释王朝的兴亡。

第四种是蓍龟。这是中国古代占卜用的两种主要方法。前一种方法是巫史用蓍草的茎按一定的程序操作，得出一定的爻的组合，再查《易经》来断定吉凶。这种方法叫"筮"。《易经》的卦辞、爻辞本来就是为筮准备的。蓍是一种草，它排列的多种组合和《易经》上的三百六十卦是对应的，可以根据不同的组合在《易经》上找到不同的卦，再根据卦辞来预测吉凶。后一种方法是管占卜的巫史在刮得很光的龟甲或兽骨上钻凿出一个圆形的小坑，然后用火烧灼它，使围绕着钻凿的地方现出裂纹，然后根据这些裂纹的不同形状来预测所问卜的事情的吉凶。这种方法叫"卜"。

第五种是杂占，指蓍龟以外的预测方法。

第六种是形法，包括看相术以及看风水的方术。风水学认为人是宇宙的产物，人的住宅和葬地必须安排得与自然协调一致。

据《汉书·艺文志》记载，战国时期阴阳学派有二十一家，其学术作品有三百六十九篇：《公梼生终始》十四篇、《公孙发》二十二篇、《邹子》四十九篇、《邹子终始》五十六篇、《乘丘子》五篇、《杜文公》五篇、《黄帝泰素》二十篇等等。但是，现在只保存有少量残文，其余均已亡佚。

《史记·孟子荀卿列传》附有《邹衍小传》。

中国古代哲学思想

二、阴阳家的重要文献

阴阳家的第一篇重要文献是《洪范》。

五行最早见于《书经》的《洪范》。公元前 12 世纪末周武王灭掉商朝以后，向商朝贵族箕子询问治国的大法，箕子对周武王讲了一番大道理，题为"洪范"。在这篇讲话里，箕子说他的思想是由夏朝的开创者大禹传下来的。大禹不仅是夏朝的创建人，还是一位治水英雄。

《洪范》中列举了九畴，其中第一畴便是五行：一曰水，二曰火，三曰木，四曰金，五曰土。水曰润下，火曰炎上，木曰曲直，金曰从革，土爱稼穑。

《洪范》里说，如果君主严肃，上天就会降下及时雨；如果君主治国有条有理，上天就会出现阳光；如果君主明智，上天就会送来温暖；如果君主有谋略，上天就会送来凉爽；如果君主圣明，上天就会送来清风。如果君主猖狂，上天就会降下霪雨；如果君主越礼，上天就会送来炽热的阳光；上天就会送来酷热；如果君主急躁，上天就会送来祁寒；如果君主愚昧，上天就会送来狂风。

在《洪范》里，五行的观念还是粗糙的，仍然是实际的物，如水、火等等，而不是以五者为名的抽象的力，如后人所讲的五行那样。作者告诉人们，人类世界和自然世界是互相关联的，君主的恶行会导致自然界异常现象的出现。这个学说被后来的阴阳家发展为"天人感应论"。

阴阳家认为这种感应的原因有两种：一种认为君主的恶行使天发怒，这种怒造成了异常的自然现象，代表着天给君主的警告，这种学说反映了阴阳家的术数根源；一种认为全宇宙是一个机械结构，它的一部分出了毛病，其他部分也必然机械地受到影响。由于君主的恶行造成了自然界的混乱，因而机械地产生异常现象。这种学说代表了阴阳家的科学精神。

阴阳家的第二篇重要文献是《月令》。这是一种小型的历书，概括地告诉君民应当按月做什么事，以便与大自然保持协调。其中论及的宇宙结构是按阴阳

家的理论描述的。这个结构是时空的，就是说，它既是空间结构，又是时间结构。由于位于北半球，古代中国人十分自然地以为南方是热的方向，北方是冷的方向，于是阴阳家就把四季与四方配合起来。他们用夏季配南方，因为夏季炎热；用冬季配北方，因为冬季寒冷；用春季配东方，因为东方是日出的方向；用秋季配西方，因为西方是日落的方向。阴阳家还认为，昼夜变化是四季变化的小型表现：早晨是春季的小型表现，中午是夏季的小型表现，傍晚是秋季的小型表现，夜间是冬季的小型表现。

五行也称为五德。南方和夏季都热，因为热在南方、在夏季，称之为火德盛。北方和冬季都冷，因为冷在北方、在冬季，称之为水德盛，冰、雪与水相连，都是冷的。同样，木德盛于东方和春季，因为春季万木生长，而东方与春季相配。金德盛于西方和秋季，因为收割用的金属农具与秋季都有肃杀的性质，而西方与秋季相配。这样，五行(五德)有四样都说到了，只剩下土德还没有确定方位和季节。《月令》说土是五行的中心，在方位上居于四方的中央，在季节上居于夏秋之交，称为季夏。这样，一年便有五季了：春、夏、季夏、秋、冬。这种一年分为五季的分季法一直到汉代才消亡。

阴阳家用这样的宇宙论从时间和空间上解释自然现象，并进一步认为这些现象与人类行为有密切的联系。在《月令》里，明确规定了天子应当按月做哪些事才符合自然规律。

《月令》告诉人们，孟春之月东风解冻，蛰虫动了，天上阳气下降，地上阴气上腾，天地相交，草木萌生。这时，人的行为必须与此协调一致，天子要布德行令，施惠万民，禁止伐树，不许颠覆鸟巢，不可发动战争。如果在这时发动战争，必遭天灾。如果天子不按适合本月的方式行动，就要造成异常的自然现象。例如：如果孟春行夏令，也就是做夏天该做的事，就会导致风不调，雨不顺，草木早凋，国家有难。如果孟春行秋令，也就是做秋天该做的事，就会流行大疫，暴风骤雨成灾，藜莠蓬蒿满地。如果孟春行冬令，也就是做冬天该做的事，就会洪水泛滥，霜雪大降，庄稼不收。

综上所述，可见阴阳家论述的是宇宙时空，关心的是国计民生。

三、五行学说

阴阳家认为，无论是天子也好，百姓也好，举动都要和天保持一致，不可逆天而行，这样才会吉祥，否则便会有灾祸发生。

如果一个王朝的君主违背了天，天就会显现异常的现象，或山崩地裂，或频繁发生自然灾害；如果顺从天意，按照天意行事，天就会显现祥瑞的现象，或风调雨顺，或战争平息，人民得以安居乐业。所谓天意，当然就是自然规律。

这就是天人感应，是阴阳家的宇宙观，对中国数千年的文化影响极其深刻。

五德指五行的属性，即土德、木德、金德、水德、火德。按照阴阳家的说法，宇宙万物与五行是对应的，各具其德之一种，而天道的运行，人世的变迁，王朝的更替等都是五德转移的结果。

《吕氏春秋》说："凡帝王者之将兴也，天必先见祥乎下民。黄帝之时，天先见大螾大蝼。黄帝曰：土气胜。土气胜，故其色尚黄，其事则土。及禹之时，天先见草木秋冬不杀。禹曰：木气胜。木气胜，故其色尚青，其事则木。及汤之时，天先见金刃生于水。汤曰：金气胜。金气胜，故其色尚白，其事则金。及文王之时，天先见火，赤乌衔丹书集于周社。文王曰：火气胜。火气胜，故其色尚赤，其事则火。代火者必将水。天且先见水气胜。水气胜，故其色尚黑，其事则水。"

这是说朝代的顺序和五行的自然顺序是一致的。以土德王的黄帝，被以木德王的夏朝所克。以木德王的夏朝，被以金德王的商朝所克。代表金德的商朝被代表火德的周朝所克，代表火德的周朝将被代表水德的朝代所克。而代表水德的朝代又将被代表土德的朝代所克，如此循环不已。

到了汉代，开始讨论汉朝究竟是什么德？最后定为土德。汉朝之后，基本上不再讲左右朝代兴亡的五德了。但是，直至清朝，各朝都相信自己的朝代是奉天承运的。

阴阳家认为，五行按一定顺序相生，四季的顺序与五行相生的顺序是一致的：木盛于春，木生火，火盛于夏；火生土，土盛于季夏；土生金，金盛于秋；金生水，水盛于冬；水又生木，木盛于春。

下面是有关五行的论述：

木的特性：日出东方，与木相似。古人称"木曰曲直"，曲直是指树木的生长形态，枝干有曲有直，向上向外舒展，引申为具有生长、升发、条达舒畅等作用或性质的事物均归属于木。

火的特性：南方炎热，与火相似。古人称"火曰炎上"，炎上指火具有温热、上升的特性，引申为具有温热、升腾作用的事物均归属于火。

土的特性：中原肥沃，与土相似。古人称"土爱稼穑"，指土有种植和收获农作物的作用，引申为具有生化、承载、受纳作用的事物均归属于土。古人有"土载四行"和"土为万物之母"的说法。

金的特性：日落于西，与金相似。古人称"金曰从革"，从革指变革，引申为具有清洁、肃降、收敛等作用的事物均归属于金。

水的特性：北方寒冷，与水相似。古人称"水曰润下"，指水具有滋润和向下的特性，引申为具有寒凉、滋润、向下运行的事物均归属于水。

阴阳家认为五行是相生的：

金生水，水生木，木生火，火生土，土生金。

金生水：金销熔后成为水；

水生木：在水的润泽下产生了木（树）；

木生火：木干燥后能产生火；

火生土：火焚烧树木后能产生土；

土生金：土矿中能产生金。

阴阳家还认为五行不仅相生，还是相克的：

金克木，木克土，土克水，水克火，火克金。

刚胜柔，刀具可砍伐树木，故金可克木；

专胜散，树木可稳住崩土，故木克土；

实胜虚，堤坝可阻止水流，故土克水；

众胜寡，大水可熄灭火焰，故水克火；

精胜坚，烈火可熔化金属，故火克金。

五行与地理：

在阴阳家的五行学说里，南方属火，东方属木，北方属水，西方属金，中央属土。

五行与季节的关系：

在阴阳家的五行学说里，春天属木，夏天属火，季夏属土，秋天属金，冬天属水。

春天属木，木代表气向四周扩散的运动方式。春天里花草树木开始生长，树木的枝条向四周伸展，营养向枝头输送，因此春天属木。

夏天属火，火代表气体向上的运动方式。火的特点是向上，夏天各种植物欣欣向荣，向上生长，长势迅猛，因此夏天属火。

季夏属土，土代表气的平稳运动。季夏是夏天和秋天之间的过渡阶段，植物平稳生长，越来越充实，因此季夏属土。

秋天属金，金的特点是稳固，金代表气体向内收缩的运动方式。秋天是收获季节，人们储蓄粮食为过冬做准备，因此秋天属金。

冬天属水，水往低处流，代表气体向下的运动方式。冬天万物休眠，为春天蓄积养料，因此冬天属水。

在阴阳五行学说里，五行与时辰也是相对应的：

时辰是中国古代的计时方法，古人把一天24小时分为12个时辰，从晚上11点开始，与12属相对应，分为子、丑、寅、卯、辰、巳、午、未、申、酉、戌、亥12个时辰。具体到五行学说上，是这样分配的：

寅、卯、辰属木，

巳、午、未属火，

申、酉、戌属金，

中国古代哲学思想

亥、子、丑属水，

辰、未、戌、丑单个而言时均属土。

根据最新研究成果，对五行文化的起源又有了新的发现。

五行文化是中国所特有的一种复杂的文化现象，它在理论和应用上涉及中华文化中哲学、政治、宗教、医学和传统风俗习惯等多方面，其文化表现呈现出多种多样的色彩。

因为不能轻易地看清五行文化的真面目，所以有人感到很玄。尤其当五行文化被封建迷信利用时，会披上一件神秘的外衣，就显得更加神乎其神了。

五行学说始于殷商之际，发展于春秋战国时期，完善于秦汉两代。完整的五行文化进入秦汉以后才真正形成，它的形成有一个相对漫长的过程。

五行文化源于多个方面，是由众多因素共同融合演化而成的，如殷商甲骨文卜辞中所提到的"五方""五土""五风"等，还有春秋时期《尚书》《左传》所提到的"五材"说，以及其他一些以"五"字为模式的文化，如五官、五味、五音、五色等。

这些都是五行文化形成最早的相关元素，不过殷商甲骨文中的"五方""五土""五风"说应是最主要的内容，而且时间又相对较早，是五行文化的真正的起点。

通过对殷商甲骨文等的考证，人们知道五行源于五运、五气和五风。所谓五行实际上就是以中原为本土而感受到的来自中国大陆四面的季风。当东风来时，春季降临；当西风来时，秋季降临；当南风来时，夏季降临；当北风来时，冬季降临；当无风（中央风）时，季夏降临。这就是五季的由来。

上古人认为太阳与季风都是形成五季变化的原因，由此形成以太阳（阳气）

及五风（阴气）相辅相成的阴阳五行历，即"黄帝历"。

所谓五行就是五气运行，所谓五行模式就是五种气象的运动模式。后人将五行与五材等同起来，将五行具体为木、火、土、金、水。其实，五行中的金木水火土并非指五物，而是指五物之气，即金气、木气、土气、水气及火气，也是气的五种运行状态。五气形成五风，五风导致五种季节的发生，这才是五行的本义。

我国上古有两种分季历法：一种即现在春夏秋冬四季历法，一种是春、夏、季夏、秋、冬五季历法，即五行之历，是用金木水火土五气为依据划分的五季。不过，后一种分季法于两汉后失传了。因此说，阴阳五行学说起源于中国上古的天文历法学。

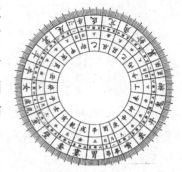

风即大气中冷热的不平衡所形成的大气环流，由于太阳和地球相对运动的关系，由此在地球上形成不同的季风，这些气象变化都与地球上的万物生长有关，与生命息息相关：

春天的春风来自东方，所以又叫东风。它的特点是温暖和煦，有利于万物的萌生，所以它和生机勃勃的树木相关。

夏天的夏风来自南方，所以又称南风，它的特点是炎热似火，有利于万物的成长，所以它和火的热性相关。

季夏的地风来自人们所处的四方的中央，即地球本身，所以称为中央风，它的特点是湿润潮闷，有利于作物的化育成熟，所以它和潮湿的土壤相关。

秋天的秋风来自西方，所以人们又称之为西风，它的特点是清凉干燥，有利于作物的收割晾晒，所以它和收割用的金属工具有关。

冬天的冬风来自北方，所以人们称之为北风，它的特点是寒冷似水，利于万物冷缩收藏，所以它和水的冷性相关。

中国大陆的这种季风是当时的五行文化产生的基础。

我们祖先的天文气象意识觉醒较早，因为中国很早就已进入农业社会。由于农业生产劳动的需要，古人自觉地研究天文学和气象学。

五行文化不是我们祖先在书斋里仅根据物质功能特性用理性思维推演出来的，而是通过长期观察天文气象活动与当时农耕文化活动之间的关系感悟出来的，是长期农耕文化活动实践经验的总结。因此，五行的动态绝不是五种不同物质功能间的生克制化关系，而应当是五季的五气的生克制化关系，即春、夏、季夏、秋、冬，五季的生发过程是阴阳二气渐增渐消的渐变过程，即所谓阴消阳长和阳消阴长，也就是阴盛阳衰、阳盛阴衰的发展变化过程。任何一个事物的两个方面都不会处于绝对的平衡状态，无时无刻不在发生对比的变化。

五行的分类系统模式属于上古思辩哲学的范畴，五行学说只不过是借用五材的名称而已。英国科技史专家李约瑟指出："五行的观念并不是五种基本物质，而是五种基本的程序。"

五行学说属于先秦自然观的范畴，并不能包罗和替代社会科学与医学科学的思维方法。将它全盘套用到其他学科领域中去的机械方式必然会夹杂大量似是而非、主观臆测的成分。但是，五行文化曾对中国古代科学的发展，特别是中医基础理论的形成产生过积极的影响，对近现代科学也颇有借鉴的意义，是值得继承的。

四、阴阳学说

阴阳学说通常被视为源于筮卜之书《周易》，但在《易经》的经文中说到阴阳的只有"鸣鹤，在阴"（《中孚·九二》）这一条。这只限于阴的古义"背日"，而没有阴阳思想的内容。《说文解字》说山的向日一面为阳，背日一面为阴。山的向日一面"明"，背日一面则"暗"。这种解释均与日照相关。日出月落则明，日入月升则暗，和古人日出而作、日入而息的生活节律相符，可见阴阳概念源于原始初民最基本的时间观念。

在哲学里，阴阳是指一个事物的两个方面，如动和静、上和下、左和右、表和里、现象与本质等等。

阴阳两个方面有着共同的根源，虽然形态不一，但都代表同一个事物。阴阳两个方面不仅相互对应，而且相互依存，彼此为用，双方必须以对方的存在作为自己存在的前提，这种彼此的关系被称为阴阳互根，如没有天也就无所谓地，没有上也就没有与之比较的下，没有白昼则黑夜也不会存在。

阴阳是古人对宇宙万物两种相辅相成的性质的一种抽象定义，也是宇宙对立统一及思维法则的哲学范畴。阴阳表示万物两两对应，相辅相成，对应统一，即《老子》所谓"万物负阴而抱阳"、阴阳交感而化生宇宙万物。这是古人在天地、日月、昼夜、水火、温凉等运动变化中抽象总结出来的。因此，阴阳是抽象的概念，而不是具体的事物。

一般来说，阳代表事物的表象，阴代表事物的内涵和本质。阳代表事物的动态，阴代表事物的静态。由此归类，强为阳，弱为阴；攻为阳，守为阴；健为阳，柔为阴；主动为阳，被动为阴；行为阳，思为阴。

阴和阳是相对的概念，当对应的类比对象不相同时，阴阳会发生变化，如山和水构成对应事物时，山为阴，水为阳；山和山对应时，高山为阳，低山为阴；静水和流水对应时，流水为阳，静水为阴。

大到宇宙，小到电子，从三维空间到多维空间，阴阳无处不在，正所谓大而无外，小而无内。

在我们可以感知的范围内，阴阳弥漫着整个空间。

在天象里，银河系和太阳系的关系是这样的：银河系为阴，太阳系为阳，因为太阳系在围绕银河系运行，银河系处于相对静止的状态，太阳系处于相对的动态之中。同样，人造地球卫星为阳，地球为阴。

太阳和地球的关系是这样的：太阳为阴，地球为阳，因为地球围绕着太阳在不停地运动着，太阳处于相对静止的状态，而地球处于相对的运动状态中。

在自然界中，山为阴，水为阳，因为山是静止的，水是运动的。南为阳，北为阴；暖为阳，寒为阴；雄性为阳，雌性为阴。

中医理论是阴阳五行成功运用的典范，中医用阴阳五行学说把人体之间的关系巧妙有机地联系起来，从而形成了完整的中医理论。一个成功的中医本身就是一个阴阳家，如扁鹊、张仲景、华佗、孙思邈等。在中医理论中，外为阳，内为阴；表为阳，里为阴；背部为阳，腹部为阴；五脏心、肝、脾、肺、肾为阴，六腑胆、胃、大肠、小肠、膀胱、三焦为阳；五脏为阴，五情喜怒悲忧惊为阳。

在战争中，强大的一方为阳，弱小的一方为阴；战略为阴，军事行动为阳；进攻为阳，防守为阴。

阴阳并不是处在静止不动的状态，而是处于运动变化之中，即所谓阴消阳长和阳消阴长。阴阳之间这种彼此运动变化称为阴阳消长。阴阳消长保持相对的动态平衡，维持事物不断的发展变化，如从冬天到夏天，寒气渐减，温热渐增，即阴消阳长的变化过程；又如从夏天到冬天，热气渐消，寒气渐增，即阳消阴长的过程。总之，整个宇宙间的万事万物无不包含着阴阳消长的变化过程。

阴阳互相转化指阴阳对立双方在一定条件下可以相互转化，阴可能转化为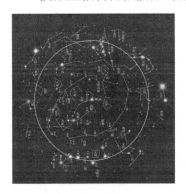阳，阳可能转化为阴。这种事物的转化，由阴阳消长的量变，到阴阳转化的质变。《黄帝内经》所说"寒极生热，热极生寒"指的就是阴阳转化。

阴阳互相转化时，阳的一面转化为阴，阴的一面转化成阳，这就构成了世界的多元性，也使事物的发展过程增添了复杂性。

以阳合阴，促使阴阳和谐，是自然发展的基

本规律。任何事物都有阴阳两个方面，为了促进事物的发展，必须以阳合阴，如动物的生殖繁衍都是阳主动合阴，也就是雄性动物主动追求雌性动物。在人类社会里，要维持和谐，首先要制定道德规范和法律，有了这些条文并不等于就是和谐社会了，还要人们遵守执行。在这里，道德规范和法律为阴，执行为阳。只有执行好了，才能使人类社会进入和谐状态。

客主加临图

阴阳学说认为自然界的任何事物都包括着阴和阳相互对立的两个方面，而对立的双方又是相互统一的。阴阳的对立统一运动，是自然界一切事物发生、发展、变化及消亡的根本原因。

被人们分为黑白世界的围棋，是中国人喜爱的娱乐活动。

围棋起源很早，在所有棋类中堪称鼻祖，在尧舜禹时代就已出现，至今已有四千多年的历史了。古时，人们掠夺土地、争夺人口的战争十分频繁，而围棋以围地为目的，两者有许多相似的地方，因此围棋成为贵族教育子弟军事知识的手段，很快得到发展。

围棋棋子只有黑、白两色。中国体育博物馆藏有唐代黑白圆形围棋子，淮安宋代杨公佐墓出土的 50 枚圆形棋子也是黑白两色。棋子一般黑白各 150 枚，通常为圆形扁片。

黑白棋子分别代表着阴、阳。阴阳最初的含义是指冷和热，后来又具有了抽象意义，可表示黑暗与光明，还代表男性和女性。古代太极图的黑白相反对称结构暗示宇宙阴阳的变化和自然永不休止的运动。太极图这种上古的思维方式在围棋这一游艺项目中也得到了体现。总之，小小一盘围棋，把天地阴阳动静变化等的道理简洁明了地包含在内了。

阴阳五行学说是中国古代朴素的辩证法思想，对古代哲学有着深远的影响，如古代的天文学、气象学、化学、算学、音乐和医学都是在阴阳五行学说的协助下发展起来的。

我国古代医学家在长期医疗实践的基础上，将阴阳五行学说广泛地运用于医学领域，用以说明人类生命起源、生理现象、病理变化，指导着临床的诊断和防治，成为中医理论的重要组成部分。

五、代表人物

阴阳家出现在春秋战国时期，用阴阳五行学说作为立派基础，将天象、地物和人事统一起来，形成了天人合一的最高哲学。我国古代的天文学、气象学、化学、算学、音乐和医学等都是在阴阳五行学说的影响下发展起来的。

阴阳五行学说是中国古代最具影响力的哲学，世界著名科技史家、思想史家李约瑟在《中国古代科学思想史》中说阴阳家是中国古代科技思想上的自然主义派，是古代中国人所能想到的至理。量子力学的奠基人玻尔说他创建的量子力学曾受到中国阴阳五行学说的启示。

阴阳家向世人揭示了自然底蕴，那就是邹衍的大九州说。

阴阳家的哲学不仅限于自然哲学，还向世人揭示了社会本原，如邹衍的五德终始说。

在春秋时期的九大学派中，阴阳家是第一个学派。虽然在西汉后期，阴阳家逐渐消失在历史长河中，但阴阳五行思想并没有消亡，反而随着时间的推移继续发展，这说明它所揭示的宇宙本质具有超越时代的意义。

此外，一些杂家也精通阴阳学说，对阴阳学说的发展功不可没。

（一）管仲

管仲，春秋时期齐国颍上(今安徽颍上)人，约生于公元前 723 年或公元前 716 年，也有的学者认为生于公元前 645 年。姬姓，管氏，名夷吾，谥曰"敬

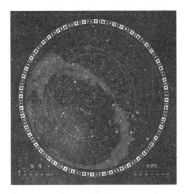

仲"，是春秋时期齐国著名的政治家、军事家。管仲是周穆王的后代，少年丧父，与老母相依为命。因生活贫苦，过早地挑起了家庭重担。为维持生计，管仲与好友鲍叔牙合伙经商，后来从军，到了齐国。几经周折，经鲍叔牙举荐，管仲担任了齐国的上卿，即丞相，被称为春秋第一相，辅佐齐桓公成为春秋时期的第一霸主。

管仲有《管子》一书传世。《管子》是我国春秋战国时代诸子百家中一部非常重要的作品，是汇集了从春秋到秦汉各家学说的一部论文集。此书内容包罗万象，博大精深，涉及政治、经济、军事、哲学、伦理及医学等。

《管子》书中有两组文章具有独创性，一组是以精气理论著称的《心术》上下、《内业》、《白心》四篇，另一组以《幼官》《四时》《五行》《轻重己》四篇为代表，其中有丰富的阴阳五行思想。《幼官》等篇在中国思想史上的地位相当重要，作为中国传统思维框架的阴阳五行模式就是在这几篇中定型的。

《管子》中的《幼官》《四时》《五行》《轻重己》一组文章是较成熟的阴阳五行学说，配成了阴阳五行图式，标志着阴阳与五行的合流。

阴阳与五行本属两种不同的文化体系，它们在彼此独立的状态下，经过了长期的发展，最终走到了一起。阴阳与五行的合流是由《管子》实现的。

管子以五行相生的循环序列为构架建筑起理论体系，这种理论体系的内容或精神实质是阴阳学说。管子认为，自然界的四时流布以及人类社会的农政教令等，一方面是按照五行图式的安排来运作的，另一方面又是由阴阳消长的规律所决定和支配的。

四时教令的思想最初与先民在长期的农业生产实践中达成的对自然规律的朴素认识有关，但其上升到天人关系的理论形态并与社会政治发生联系，则有赖于阴阳思想的发展。把四季的推移看成是阴阳的流行是非常自然的，因而阴阳与时令的结合是水到渠成的。四时教令的思想几乎可以说就是阴阳说的全部内容。

英国著名科学史家李约瑟以大量历史事实证明：中国古代的科学技术曾在一个相当长的历史时期中居于世界领先地位。中国古代科学在很大程度上是以"阴阳五行说"作为理论基础的。《管子》是战国时期齐国稷下学者的著作集，而在《管子》中，古代科学与阴阳五行说的结合已初露端倪了。

阴阳说与五行说最初为两个不同的思想体系分别发展。到战国时期，《管子》开始将阴阳说和五行说相互融合，以气为本原，以阴阳为"天地之大理"，融阴阳说与五行说于一体。

《管子》不仅最早融阴阳说和五行说于一体，建立了统一的阴阳五行说体系，而且还把阴阳五行说与自然科学紧密地结合在一起，发展了古代科学。

《管子》所建立的阴阳五行说实际上是在当时科学发展的基础上描绘的一幅关于自然界整体的图画。在这幅图画中，阴阳法则为自然万物的总规律，决定着万物的运动变化；而万物都处于一定的时间、空间之中，并且都可以归入五行。

《五行》把一年分为五个季节，五季与五行相配，随着季节的变化，自然界的动植物和自然环境发生着相应的变化。

《幼官》篇为了与五行相配，把动物中相当于现代动物分类学上的脊椎动物的"兽"分为五类：羽兽、毛兽、倮兽、介兽、鳞兽。羽兽相当于现代分类学上的鸟类，毛兽相当于兽类，倮兽指人类(包括猿猴类在内)，介兽相当于龟鳖类，鳞兽相当于鱼类和蛇类。这是我国古代早期的动物分类法。

《地员》篇在按照阴阳五行说对九州土壤进行分类时，对各种土壤上所适宜种植的农作物也进行了描述，反映出因地制宜的农学思想。

《水地》篇运用阴阳五行说解释人体五脏之间以及五脏与其他人体器官之间的关系。《水地》篇说："五味者何，曰五藏。酸主脾，咸主肺，辛主肾，苦主肝，甘主心。五藏已具，而后生肉。脾生膈，肺生骨，肾生脑，肝生革，心生肉。五肉已具，而后发为九窍。脾发为鼻，肝发为目，肾发为耳，肺发为窍。"这里用阴阳五行说解释人体脏器组织之间的关系，反映出人体脏器组织之间相互联系的思想。

阴阳五行说所描绘的关于自然界的整体图画，把丰富多样的自然界塞进阴阳五行的框架中，显然包含了许多牵强附会的东西，但其中也包含自然界有机联系的思想。

对此，恩格斯说："他提出了一些天才的思想，预测到一些后来的发现，但也说出了一些十分荒唐的见解，这在当时是不可能不这样的。"

《管子》虽是齐国的宰相管仲的著作，但现在公认《管子》一书不是管仲一人所为，而是管仲学派的集体创作。

中国哲学上的"精气说"就是《管子》一书

中提出来的，精气就流于天地之间。气又分为阴阳，阴阳者，天地之大理也；四时者，阴阳之大经也。阴阳又推动四时的变化，春秋冬夏，阴阳之推移也。又说天地精气有五，这五种精气就是五行。在《管子·四时》中有更为翔实的描述："东方曰春，其气曰风，风生木与骨；南方曰夏，其气曰阳，阳生火与气；中央曰土，土德实辅四时入出，以风雨节，土益力，中正无私，实辅四时；西方曰秋，其气曰阴，阴生金与甲；北方曰冬，其气曰寒，寒生水与血。春赢育，夏养长，秋聚收，冬闭藏。"

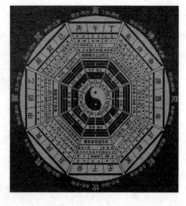

上古时期由黄帝所创的十月历，按七十二日为一季而划分为五季，每季有不同的气候、物候和农事，还包括政务活动等。但这种历法至汉代已经失传，历法由五季变为春夏秋冬四季了。

（二）邹衍

邹衍，齐国人。大约生于公元前 324 年，死于公元前 260 年，活了八十多岁。他活动的时代略晚于孟子，与公孙龙、鲁仲连是同时代人。齐宣王时，邹衍曾在稷下学宫学习儒术，后改攻阴阳五行学说，自成一家。

公元前 4 世纪中叶，齐国在都城临淄的稷门之外筑起大厦，广招天下贤人在此讲学授徒，参议国家政治，史称稷下学宫。其后逐渐形成一个具有思想和学说的学派，人称"稷下学"。

稷下学宫是诸子百家争鸣的重要舞台。邹衍是稷下学宫有名的学者，他知识丰富，一生著述甚丰。《汉书·艺文志》在阴阳家类著录《邹子》49 篇、《邹子终始》56 篇。《史记·孟子荀卿列传》说他著有《终始》《大圣》之篇十余万言。邹衍在音乐、科技方面也颇有造诣。

邹衍是战国后期著名的思想家，是阴阳五行学说的集大成者。

据《史记·孟子荀卿列传》记载，邹衍的治学方法从时间上来看，他先从人所共知的黄帝谈起，推而远之，直到天地未生之时，甚至更加久远，以至不可考究的混沌状态。从空间上来看，先列中国的名山大川、珍禽异兽、水土植被，再推至海外人所未见之物。

邹衍的思想十分宏大，古今中外、天文地理无所不包，因此有"谈天衍"的美誉。

邹衍的学说主要包括"五德终始说""五行相胜说""大九州说"和乐律学等内容。

"五行相胜说"认为众胜寡，因此水胜火；精胜坚，所以火胜金；刚胜柔，所以金胜木；专胜散，所以木胜土；实胜虚，所以土胜水。邹衍根据土、木、金、火、水五行之间的这种循环相克关系创立了"五德终始说"，用以解释朝代的更替。五德指土、木、金、火、水五种德运，它们之间存在木克土、金克木、火克金、水克火、土克水的关系。历史发展按照这种顺序循环往复，每一个朝代都有五德中的一德与之相配，由德运决定这个朝代的命运。新的朝代将要兴起之时，上天必然会出现某种符瑞作为征兆，如黄帝时出现大螾大蝼，螾是蚯蚓，蝼是蝼蛄。黄帝说："这是土气胜了。"因此黄帝属土，崇尚黄色。大禹时，草木秋冬之季仍不枯萎，大禹说："这是木气胜了。"因此大禹属木，崇尚青色。商汤时，金刃生于水，商汤说："这是金气胜了。"因此商汤属金，崇尚白色。周文王时，赤鸟衔丹书落在周社上，文王说："这是火气胜了。"因此周属火，崇尚赤色。按照五行相胜的原理，邹衍推测出代火者必为水德，而且会出现水气胜的征兆。因此拥有水德者崇尚黑色。但是，如果拥有水德者不做好准备，就会失去继承天运的机会而转为土德。这样，邹衍认为五行之间的相胜关系形成了一个循环过程，由此造成了王朝的更替和历史的周期性变化。

过去，统治者总是宣扬自己接受了天命，将传之万世，永世为王。邹衍的学说对他们可谓当头一棒，让他们头顶上失掉了神秘的光环。邹衍的理论认为，只要优越，只要有德可以胜过当今在位者，便可取而代之。这是一种优胜劣汰

的进步理论，代表了新兴力量的呼声，为改朝换代制造了舆论，提供了理论根据。

"五德终始说"的创立客观上迎合了战国后期各国君主实现统一大业的心理愿望，为他们提供了统一天下的理论依据。五德终始说在诸侯中的影响日益扩大，邹衍因此受到各国的礼遇。邹衍到梁国时，梁惠王亲自出城迎接他，并对他行

宾主之礼。邹衍到赵国时，平原君站在路旁为他擦去座位上的尘土。邹衍到燕国时，燕昭王为他扫路、引导，请求做他的弟子，还在碣石为他建造了一所宫殿，亲自听他授课。

邹衍的"五德终始说"不仅在当时受到重视，而且对后世的学术和政治也产生了重大的影响。

就学术而言，董仲舒将邹衍的阴阳五行学说与儒学相结合，开汉代儒学阴阳五行化的先河。

就政治而言，"五德终始说"从理论上断定了改朝换代的可能性。作为一种改朝换代的理论工具，受到历代新王朝建立者的推崇。

秦始皇统一六国后，根据邹衍"水德代周而行"的论断，以秦文公出猎获黑龙作为水德兴起的符瑞，进行了一系列符合水德要求的改革，以证明其政权的合法性，成为"五德终始说"的第一个实践者。

由于刻薄少恩，推行暴政，秦朝立国不久，三世而亡，为汉朝所取代。汉朝皇帝相信皇帝是承五德转移之运而王，但汉朝究竟以何德而王，颇有争论。有人说，汉朝取代秦朝，因此是以土德王。但是也有人说秦朝太残暴，太短促，不是合法的朝代，因此汉朝实际上是替代周朝。最后，汉武帝于公元前104年正式宣布汉朝以土德王。

邹衍不仅用五行相胜说解释政权的兴废，还用五行相生说解释自然界的季节转移，制定四时教令。

邹衍的五行相生说认为木性温，钻之灼之可生火，故言木生火；火炽热，能焚木，木燃烧成灰，灰即土，故言火生土；金居石中，聚土成山，山必生石，故言土生金；金遇冷后，空气中的水汽凝结成水，附着于金的表面，故言金生水；在水的润泽下产生万物，故言水生木。这样，木、火、土、金、水就构成了循环相生的关系。依据五行相生的顺序有春、夏、季夏、秋、冬五季，天子应在相应的方位（东、南、中、西、北）穿相应颜色（青、赤、黄、白、黑）的衣服，这是明堂制度的内容之一。邹衍认为天子应当住在一所特别的屋子里，东南西北各有一个正厅和两个厢房，这些屋子总称为明堂。天子每个月应换一个地方居住，所穿的衣服、所吃的饭、所听的音乐、所祭的神、所办的事等等都按这个月特有的规定去做，十二个月轮完一圈。大院子中间又有一厅，供天

阴阳家与阴阳五行学说

子在季夏之月居住。另有一说，认为每一季里抽出十八天住在这里。邹衍认为明堂可以上通天，可以符合五行的运行。

邹衍认为天子要把东、南、中、西、北与春、夏、季夏、秋、冬相配，按木、火、土、金、水的顺序去做天人相应的工作，这叫明堂制度。如天子居明堂时，按五季不同，所用来取火之木也不相同。春属木，要用青色的榆柳之木；夏属火，要用赤色的枣杏之木；季夏属土，要用黄色的桑柘之木；秋属金，要用白色的柞楢之木；冬属水，要用黑色的槐檀之木。

这一顺序就是按照木生火、火生土、土生金、金生水的五行相生顺序排列的，其中以土居中。

在距今遥远的战国时期，邹衍还石破天惊地提出了"大九州说"。

邹衍认为过去儒者所说的中国以及自大禹以来所划分的九州并不是整个世界，中国以外如赤县神州者共有九个，乃是真正的大九州岛。这大九州岛中的每一个都有九个小州，合计有八十一州，外面有大海环绕，九大州之间也有海水相隔，中国实际上是大九州的八十一分之一。

在我国古代的宇宙论中，"盖天说"和"浑天说"是两种具有代表性的理论。天地什么形状？日月星辰如何运行？这是自古以来人们一直研究而没有解决的问题。人们仰望天空，似乎天顶中心非常高，四周渐渐低下去，于是人们便凭直观想象天应该像个倒扣的盆子，日月星辰都沿着盆底移动。这种说法称为"盖天说"。

反对盖天说的人提出疑问说："如果这样，那么太阳在什么地方过夜呢？"盖天派回答说："盆子的盆边是很宽的，好象斗笠或车盖。太阳白天横过天空，晚上从盆沿绕回东方。我们晚上看不见太阳光，是因为太远的缘故。"最早的盖天派以自己头顶的天作为天的中心。后来，他们看到北斗绕着北极转，又认为天的中心是北极。

有些不满盖天说的人提出一种新的说法："天和地都是浑圆的，天好比蛋壳，地好比蛋黄。天包在地的外面，好像蛋壳包着蛋黄。"这种学说叫浑天说。那么，太阳在哪里过夜呢？浑天派解释说："太阳是绕着浑圆的地转动的。当它转到地的上面时，就是白天；它转到地底下时，就是黑夜。太阳在地底下过夜，并且从西边地底下绕到东边地底下，再从地平线上冒出来，于是天就亮了。"盖天派对浑天派说："广阔无边的大地，虽有高山、平原之分，总的说来都是平的。有人远行几万里，所见到的都是平地，并没有钻到地下去，怎能说地是浑圆的呢？就算地面是弧形的吧，海不可能是弧形啊！因为水是始终保持水平状态的。"浑天派当然不能否认海是平的，所以他们说："地是浑圆的，但这只指大陆。而海是在浑圆的大地之外，充满大地的四周，直到天边。浑圆的大地有一半浮在海水之上，就是我们所居的陆地；还有一半是沉在海水以下的。"

浑天派和盖天派反复辩论，各不相让。盖天说出自内陆，浑天说源于海洋。邹衍的"大九州说"是受浑天说的启发而创立的。

在战国时期，我国航海水平已经很高，人们对中国东部海域已经有所了解。齐国濒临大海，海市蜃楼和渔民对异域风情的描述激发了邹衍的灵感，开拓了他的思路。于是，他对自己生活的世界做出了合理的推测，创立了"大九州说"。

邹衍认为战国时期儒家所说的中国并不是世界的全部，仅指华夏民族聚居的中原地区而已。当时，全中国，也即战国七雄疆土的总和叫赤县神州，包括大禹治水时所定的冀、兖、青、徐、扬、荆、豫、梁、雍九州。邹衍认为赤县神州并不是全世界，只不过是世界的八十一分之一而已。

邹衍在距今两千多年前就预言了大洲和大洋的存在，这远远早于欧洲学者。邹衍的"大九州说"虽然建立在主观推测的基础上，缺乏严密论证和科学判断，却突破了人们狭隘的地理观念，开阔了人们的视野，激发了人们探索海外的热情。在人们没有认识地球之前，"大九州说"是惊人的，我国古代伟大思想家王充评价邹衍的"大九州说"时说："此言诡异，闻者惊骇。"

随着中外文化交流的发展，海外各国与中国往来日益频繁，"大九州说"的价值逐渐被人们所认识。

在今天看来，邹衍的"大九州说"是超前的，不是在稷下学宫的书斋里闭门造车想出来的，而是有客观根据的，是在种种蛛丝马迹的客观现象基础上的科学推断，可谓站得高，看得远，目光如炬，头脑聪明，对宇宙洞若观火。

阴阳家与阴阳五行学说

邹衍的"大九州说"鼓励人们不断向四方探索，不做井底之蛙，在历史上功不可没。

邹衍精通音乐，在乐律学方面颇有建树。《汉书·礼乐志·郊祀歌》记有《邹子乐》四章，名为《青阳》《朱明》《西颢》《玄冥》。这四章乐曲是邹衍为天子明堂创作的音乐，可见邹衍在音乐方面也有较高的素养，并将音乐与阴阳五行结合起来。

邹衍吹律测气的故事十分动人。《艺文类聚》卷九引刘向《别录》说："邹衍在燕，燕有谷地美而寒，不生五谷。邹子居之，吹律而温气至，而谷生，今名黍谷。"律在我国古代不仅是一种乐器，而且是一种测气仪器，以律测气而形成的律吕学是我国古代特有的一门学科，其方法是用十二根竹管或铜管，按照一定尺寸比例制成，定出十二律，作为占验节气变化的仪器。邹衍从燕国纬度较高、气候寒凉的特殊条件出发，吹律测出该地的温度和湿度，进而确定播种期和无霜期，指导当地农业生产，从而使不毛之地长出了谷子。

邹衍学识渊博，对逻辑学有独到的见解。邹衍出使赵国时，正巧遇见公孙龙及其徒弟綦毋子等人以"白马非马"为题进行辩论。平原君见大学者邹衍来了，忙就此事征求邹衍的意见。邹衍认为公孙龙的"白马非马"之辩违反了逻辑准则，会产生"辞胜于理"的弊端。平原君赞同邹衍的说法，立即罢黜了公孙龙。

（三）吕不韦

战国时期秦国宰相吕不韦是个杂家，在他的《吕氏春秋》一书里，有很多关于阴阳家的理论和著述。

吕不韦原是著名商人，卫国濮阳（今河南濮阳西南）人。吕不韦往来各地，以低价买进，高价卖出，积累了千金的家业。一天，吕不韦在赵国都城邯郸巧遇在赵国充当人质的秦王孙，名叫异人。吕不韦是个有政治抱负的人，他认为可以利用异人实现兼济天下的理想。于是，他立即携带重金到秦国游说太子安国君的宠姬华阳夫人，在华阳夫人的协助下，立异人为嫡王孙，改名子楚。后来，子楚与吕不韦逃归秦国。安国君继立为秦孝文王后，子楚被立为太子。次年，子楚即位，史称秦庄襄王。秦庄襄王任命吕不韦为丞相，封为文信侯，食河南洛阳十万户。秦庄襄王死后，年幼的太子嬴政立为秦王，即秦始皇，尊吕不韦为相国，号称仲父。

吕不韦门下有食客三千人，家童万人。吕不韦命食客编著《吕氏春秋》，又名《吕览》。《吕氏春秋》中包括八览、六论、十二纪，共二十余万言，汇合了先秦各派学说，兼儒、墨、名、法和阴阳，史称杂家。

吕不韦执政时期，曾辅佐秦王攻取周、赵、卫三国之地，立了三川、太原、东郡三郡，对秦王兼并六国的事业作出了重大的贡献。

当时，魏国有信陵君，楚国有春申君，赵国有平原君，齐国有孟尝君，个个礼贤下士，结交宾客，互争高下。吕不韦认为秦国如此强大，自己如果不如他们，实在是一件羞愧的事。于是，他广招文人学士，给他们优厚的待遇，让他们著书立说，流行天下。《吕氏春秋》完成后，吕不韦认为其中包括了天地万物和古往今来的一切大道理，是放之四海而皆准的，便将其刊布在咸阳的城门上，还在城门上悬挂千金，遍请天下学者观看，声称如果有人能增删一字，便赏给千金。结果，无一人能增删一字。

《吕氏春秋》说："天下非一人之天下也，天下之天下也。阴阳之和，不长一类；甘露时雨，不私一物；万民之主，不阿一人。"这与邹衍的"五德终始说"是相符的。

在这部震动天下的大作中，保存了不少古代阴阳家的遗文逸事和思想观念，极有价值。吕不韦在中国文化事业上做了一件大好事，功不可没。

《吕氏春秋》以十二月为骨干框架，编制了一个庞大的自然、社会发展变化体系，将季节、天象、物候、生产、政事、祭祀、气数、生活等包容进去，形成了一个以一年为周期，周而复始的循环系统，这就是所谓的"月令图式"。这要归功于阴阳五行学说之影响。

阴阳这一对中国哲学的基本范畴，其初意只不过是指日光向背和气候寒暖。而金(青铜)、木、水、火、土，正是人们日常生活中不可或缺的五种物质，"水

阴阳家与阴阳五行学说

火者，百姓之所饮食也；金木者，百姓之所兴作也，土者，万物之所资生也"。

按月依次安排农业事项，用来计划或指导农业生产，成为中国农书的重要类型之一。图式中的天地是生育万物的大自然，天上有日月星辰之行，时序为四季农时，地有山川泽谷，长养五方物产。图式中有大量的阴阳五行内容，以阴阳二气消长来反映天地运行、季节运转的相应指示物，十分合理，如春季天气下降地气上腾，生气方盛，阳气发泄，草木繁生披绿，故以木为春之德，木色青故色尚青，东方为阳升之处故方位尚东；夏季尚赤、尚南、尚火；秋季尚白、尚西、尚金；冬季尚黑、尚北、尚水。在月令图式中，以十二纪为坐标建立起一个标准的自然、社会运行体系。在这一体系中天序四时，地生万物，人治诸业，人与天地相参，科学地反映了人类与自然之间的相互作用与基本关系。人们只有遵循宇宙法则和自然规律，"行其数，循其理，平其私"，才能进一步认识和改造自然。不能凭借个人意志与权威随意胡来，否则就会破坏生态，引发灾异，造成社会动荡。这一体系强调秩序、平衡与和谐，并以此来规范人与人、人与自然间的关系，建立起典型的农业社会行为约束机制。月令图式以十二纪的形式表述了特有的思想、哲学观点，并且对阴阳、天地、时间、空间等基本哲学范畴，结合农业生产进行了合理的界定。它表明中华民族已由农业进入文化，并以此表达了他们对世界的基本看法，丰富了中华民族的传统哲学内涵。吕不韦认为通过耕作措施在一定范围内做到阴阳交济，创造出良好的作物生长发育条件，"下得阴，上得阳，然后咸生"。

吕不韦尊重阴阳，强调五行，认为顺乎大自然才能给人类造福。

吕不韦主编的这部堪称古代百科全书似的传世巨著深得世人好评，司马迁称它"备天地万物古今之事"，把它与《周易》《春秋》《国语》《离骚》等相提并论。

吕不韦身为仲父，功高震主，受到亲政的秦始皇的猜忌。后来，秦始皇将他流放到巴蜀。吕不韦郁郁不平，在流放途中自杀身亡。

吕不韦虽然死了，他的辉煌巨著《吕氏春秋》却一直流传下来，受到人们的喜爱。这部巨著文情并茂，思藻兼优。为《吕氏春秋》作注的大学者高诱曾说，在先秦的诸子百家著作中，《吕氏春秋》是最好的。

（四）刘安

西汉思想家、文学家刘安，沛郡丰（今江苏丰县）人。生于公元前 179 年，死于公元前 122 年。汉高祖之孙，父亲刘长是汉高祖最小的儿子。刘安袭父爵封为淮南王。汉文帝十六年（公元前

164 年），汉文帝刘恒把汉初的淮南国一分为三，封给刘安兄弟三人。刘安以长子身份袭封为淮南王，仍定都寿春，辖 15 个县，相当于今安徽淮河以南，巢湖、肥西以北，凤阳、滁县以西，河南唐河以东的江淮之间的广大地区。刘安虽然裂土封王，但他为人喜好读书弹琴，不喜好狗马驰骋。

刘安的制国思想是无为而治，对道家思想加以改进，不循先法，不守旧章，遵循自然规律制定了一系列轻徭薄赋、鼓励生产的政策，善用人才，体恤百姓，使淮南国出现了国泰民安的景象。

刘安礼贤下士，淮南国都寿春成了文人荟萃的文化中心。他招致宾客数千人著书立说，著成《淮南子》一书，又名《淮南鸿烈》。《淮南子》有《内篇》21 篇、《外篇》33 篇、《道训》2 篇，共 20 余万字，内容涉及政治学、哲学、伦理学、史学、文学、经济学、物理、化学、天文、地理、农业水利、医学养生等领域，可谓包罗万象。这些著作中集中体现了阴阳思想。

一般学者将《淮南子》列为杂家，实际上该书是以道家思想为指导，吸收诸子百家学说，尤其是阴阳学说融会贯通而成，是战国至汉初黄老之学理论体系的代表作。

刘安的《淮南子》收集了各种思想，是建元初年激烈政治斗争和意识形态辩论的产物，对后人有深远的影响。

《淮南子》中还记载了邹衍提出的"大九州"的完整名称："东南神州曰农土，正南次州曰沃土，西南戎州曰滔土，正西弇州曰并土，正中冀州曰中土，西北台州曰肥土，正北泲州曰成土，东北薄州曰隐土，正东阳州曰申土。"纬书《河图括地象》则有两种不同的记载："其一，东南神州曰晨土，正南卬州曰深土，西南戎州曰滔土，正西弇州曰开土，正中冀州曰白土，西北柱州曰肥土，北方玄州曰成土，东北咸州曰隐土，正东扬州曰信土。其二，昆仑之墟，下洞

含右，赤县之州，是为中则。东南曰神州，正南曰卬州，西南曰戎州，正西曰拾州，中央曰冀州，西北曰柱州，正北曰齐州，东北曰薄州，正东曰阳州。"

这一记载为阴阳家文献保存了宝贵的资料。

《淮南子》继承稷下学派，提出了一个倾向于唯物主义的宇宙形成论。

关于阴阳学说，《淮南子》主要探讨了六个方面的内容：阴阳对立统一、阴阳互根互用、阴阳相错、阴阳转化、阴阳合和、阴阳消长。对于五行学说，《淮南子》第一次对五行相生、五行相胜关系作了明确的、完整的文字表述，全面探讨了五行相生、相胜关系。

刘安认为五行无常胜，五行相生之序中的两行可以互生，对五行关系的灵活性有了深刻的认识，第一次提出了五行壮老生囚死理论。《淮南子》说"水中有火，火中有水"。

《淮南子》明确指出阴阳五行的本质都是气，完成了阴阳五行学说的进一步结合。

《淮南子·天文训》说："夏日至，则阴乘阳，是以万物就而死；冬日至，则阳乘阴，是以万物仰而生。昼者阳之分，夜者阴之分。是以阳气胜则日修而夜短，阴气胜则日短而夜修。"这是用阴阳二气互相消长说明四时和昼夜的不同以及万物兴衰的过程，并解释说阳气跟火是一类的，具有热的性质，主发散，所以阳气盛的时候，天气暖热，万物生长。阴气是跟水一类的，具有冷的性质，主吸收，所以阴气盛的时候，天气寒冷，万物衰亡。在阴阳二气运行的过程中，阳气经东方木至南方火；阴气经西方金至北方水。《淮南子》用阴阳二气的物理性能说明四时的变化和万物盛衰的原因。《淮南子》关于四时形成的解释，成为后来公认的说法。

《淮南子》关于气的理论是唯物主义的。《淮南子》关于阴阳二气和宇宙形成的理论和当时的科学知识，特别是天文学的知识有密切的联系，是对先秦以来的天文科学的发展作了一次哲学的总结。《淮南子·天文训》是研究我国古代科学史的一篇重要文献。当然，它对自然现象的形成和天体运行的说明还夹杂一些神秘主义的成分，这是和当时科学发展的水平相适应的。

《淮南子》认为各种自然物都是由阴阳二气构成的，而万物之所以千差万别，是由于阴阳二气具有各种不同的性能。用气说明世界的物质构成是稷下学派的一个基本观点。万物都由气构成，但万物为什么又有差别呢？稷下学派没有回答这

个问题。《淮南子》用阴阳学说作了解答。《淮南子》认为气是有数量的，也是有质量的：阳气的质量是清阳，阴气的质量是重浊。因为质量不同，所以它们有的飞扬，有的下降，有的发散，有的凝聚。这样，就明确地肯定了气的物质性。稷下学派仅仅认为气是一种细微的东西，以至于人的感官不能直接觉察到。这样的气容易被认为是一种非物质性的东西。《淮南子》对气所作的说明，克服了这个弱点，大大地丰富了气的概念。这样的气的概念一直为后来的唯物主义者所继承，在中国古典唯物主义发展史上是一个重要的贡献。

《淮南子》所讲的气是没有意识和意志的，也没有道德的属性。气的运行和变化是按着本身所具有的物理性能进行的。万物的形成是阴阳二气的物理性能机械地互相作用的结果，而不是体现某种道德的目的。

《淮南子》还用气的学说进一步说明了万物构成和发生的物质原因。《淮南子·天文训》认为作为原始物质的元气含有两个对立物，阳气和阴气。阳气的性能清阳而薄靡，造成了天；阴气的性能重浊而凝滞，造成了地。阳气具有热的性能，热气积聚产生火，火气之精者成为太阳；阴气具有寒的性能，寒气积聚产生水，水气之精者成为月亮。阳气的性能主发散，阴气的性能主吸收。天气阳而激发就成为风，地气阴而凝聚就成为雨。阴阳二气相冲激，就成为雷霆；阳气胜，发散出来成为雨露；阴气胜，凝聚起来成为霜雪。这是说天体和气候的变化都是由阴阳二气的运动形成的。《淮南子·天文训》还认为阳气清妙，积聚起来则上升；阴气重浊，积聚起来则下沉；火是阳气构成的，所以向上升；水是阴气构成的，所以向下流；鸟类属阳，所以高飞；鱼类属阴，所以潜行。这是用阴阳二气的性能说明其他自然现象的差别。《淮南子》认为人也是由阴阳二气构成的：阳气形成人的精神，阴气形成人的肉体。人死以后精气升天，形骸归地。

《淮南子》虽非医学著作，但提炼出了具有指导意义的医学理论，对中医

学理论的发展有深远的影响。

在阴阳五行学说方面，《淮南子》全面探讨了阴阳关系、五行关系，第一次明确提出了五行壮老生囚死学说，实现了阴阳五行学说的进一步结合。中医将阴阳五行学说从哲学领域移植到医学领域，完成了阴阳五行学说的医学化道路，也创建了一些适用于医学领域的阴阳五行术语，如三阴三阳等，但对阴阳五行学说的整体表述却并未脱离哲学范畴。探讨《淮南子》阴阳五行学说的内涵，有助于正确理解中医阴阳五行学说。

《淮南子》明确提出精气为人的观点，第一次将形、气、神三者并提，全面探讨了形、气、神三者的关系。《淮南子》强调"天地宇宙，一人之身也；六合之内，一人之制"的整体全息观，建立了以气为中心的天人感应理论，明确提出"人与天地相参"的天人合一整体观，认为只有做到"遵天之道，循天之理，与天为期，从天之则"，才是真正的天人合一。

在脏象学说方面，《淮南子》第一次记载了五行和五脏的配属方法，全面论述了五脏中心的生理功能。关于治疗学方面，《淮南子》提出了"治无病"和"知病之所从生"的观点。在病因病机学方面，《淮南子》提出"人二气则成病""邪与正相伤"的观点。在养生学方面，《淮南子》提倡"体道返性"的养生总则，明确提出"太上养神，其次养形"，形、气、神三者共养的养生主张。

虽然刘安受到百姓的拥护和爱戴，但在那独尊儒术的年代，他所奉行的道家思想和阴阳学说与汉武帝独尊儒术的思想背道而驰，因而屡屡被谗言折磨。汉武帝元狩元年（公元前122年），汉武帝以刘安"阴结宾客，拊循百姓，为叛逆事"等罪名派兵进入淮南，刘安被迫自杀。

原来，在刘安招募的数千门客中，有八人最有才华，他们是苏非、李尚、

左吴、陈由、伍被、毛周、雷被和晋昌，这八人号称"八公"。

在这八人之中，雷被是一位剑术过人的剑客。在一次与淮南王太子刘迁的比试中，雷被失手击中了刘迁。这下惹怒了太子，雷被被逼得在淮南国里无法容身了。于是，雷被向刘安请求随大将军卫青去攻打匈奴。不料刘安听后，误以为雷被变了心，

中国古代哲学思想

立即将其免了职。心怀怨恨的雷被一怒之下逃出淮南王府，跑到长安城告了刘安，说他要谋反了。

根据汉律，凡阻挠执行天子诏令者应被判弃市死刑。这时，正忙着削藩的汉武帝早已对刘安的丰功伟绩惴惴不安，雷被这一状正好迎合了他的嫉妒之心。于是，汉武帝顺水推舟，剥夺了刘安的封地。

"八公"中的另外一位门客伍被得知刘安准备起兵时，曾多次进行劝阻，但刘安不仅不听，还举出秦末陈胜成功的例子来反驳他。伍被见自己的谏言得不到采纳，也向朝廷告了状。

刘安虽然未得善终，但人们并不以成败论英雄。面对《淮南子》这部煌煌巨著，人们无不竖起大拇指，称赞其在中国思想史和阴阳学上的巨大贡献。

(五) 落下闳

汉武帝时，出了一位极其杰出的阴阳家，即落下闳。

落下闳，巴郡阆中人。生于公元前156年，死于公元前87年，复姓落下，名闳，字长公。他是中国历史上有名的天文学家。

落下闳是太初历的主要创立者，于汉武帝时担任待诏太史。他还是浑天说创始人之一，曾制造观测星象的浑天仪。他创制的太初历又称八十一分律历，在天文学上有很大的影响。

落下闳制造的浑天仪在中国用了两千年。他自幼好学不倦，最喜欢研究历象及阴阳五行学说，进而研究天文、历法，造诣极深。

西汉建立后，仍沿用秦代历法，即颛顼历。到汉武帝元封年间，即公元前110年至公元前105年，已经延用了一百多年，人们发现它的误差越来越明显，出现了朔晦之夜月亮出现等月象较历谱超前的现象。于是，太史令司马迁等人上书汉武帝，建议改历。汉武帝准奏，立即下诏广泛征聘民间天文学家进京制定新历。落下闳在同乡谯隆的推荐下，从四川千里迢迢来到京城长安，热心地参加改历工作。

太阳历（岁）可以定四时、节、气，太阴历（月）可以定朔、晦、弦、望。

自历法出现时起，历家即并用阴阳两历，并探求两历配合的法则，主要是闰月插入法。

春秋时期，历家已应用十九年插入七个闰月的方法。最迟在战国时期，历家已定一岁的日数为三百六十五又四分之一日，定一月的日数为二九又九百四十分之四百九十九日。这两个数字比一岁实数、一月实数都多了一些，因此月朔经三百年要差一天，季节经四百年要差三天。由于推步和算术并不精确，实际上一种历法行用一百多年后便会在朔日或晦日见到月出，必须重新测算，使之符合天象。秦始皇采用颛顼历，以十月为岁首，闰月放在九月之后，称为后九月。在古六历（黄帝历、颛顼历、夏历、殷历、周历、鲁历）中颛顼历是比较合天象的一种历法，但到汉武帝时已经不能再用了。

落下闳一到长安，便忙着标定东西各方向的准确位置，设立测时的日晷，标定夜间测时漏的刻度，同时测出天上二十八宿之间的距离，最后定出了月初的时间和月末的时间。在实测天文数据和理论计算的基础上，落下闳提出了自己的改历方案。

在这次改历过程中，曾发生激烈的争论。落下闳等二十多人以及官方的公孙卿、壶遂和司马迁等人各有各的方案，相持不下，最后形成了十八家不同的历法。经过仔细比较，汉武帝认为落下闳的历法优于其他十七家，于元封七年（公元前 104 年）下令颁行，并改元封七年为太初元年，因而新历又称"太初历"。

太初历颁行后，受到很多人的反对。为此，朝廷组织了一次为期三年的天文观测，同时检验太初历和古六历的数据。结果表明，太初历更符合天象。从此，太初历站稳了脚跟，一直使用了近二百年。

为表彰落下闳的功绩，汉武帝特授他侍中之职，落下闳却辞而不受，隐居起来，继续研究阴阳学。

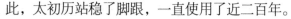

太初历仍用十九年七闰的置闰法，但取（29+43）/81 日为一朔望月。因为分母为 81，所以太初历又称八十一分律历。

太初律在很多方面超过了古历。太初历采用夏正，以寅月为岁首，与春种、秋收、夏忙、冬闲的农业节拍相吻合。落下闳将二十四节气纳入中国历法的体系之中，将农学、天文、数学融合为一体。二十四节气是中国古代农业科学的一大独创，完整地记载于《淮南子·天文训》中，几千年来对中国的农牧业生产和人民生活起了极为重要的作用。落下闳的贡献是将二十四节气这个告诉人们太阳移到黄道上二十四个具有季节意义的位置的

日期首次编入太初历，并规定节气（即立春、惊蛰、二十四节气中是奇数项的气）可以在上月的下半月或本月的上半月出现；而中气（即雨水、春分、谷雨等二十四节气中是偶数项的气）一定要在本月出现，如果遇到没有中气的月份，可以定为上月的闰月。这种置闰原则一直沿用了一千多年。

落下闳以正月为岁首，以没有中气的月份为闰月，以 135 个月为交食周期。这些特点都是开创性的。有些已成为传统，至今仍在发挥功能，如中国人的春节就是落下闳定的。落下闳的贡献在中国人的农业和生活中发挥了直接的指导作用。原来，太初历创立之前，广泛推行的颛顼历，以十月为每年的第一个月，按照冬、春、夏、秋的顺序排列四个季节，虽然与实际天象比较符合，但是给农业生产带来众多不便。落下闳等人创立的太初历改变了这种旧的历法制度，重新确定了春、夏、秋、冬的顺序，以孟春正月朔日为一年的开始，这也是中国春节的来历。

在阆中，落下闳被人们亲切地称为"春节老人"。每年过春节时，当地百姓焚香摆酒，祭拜这位"春节老人"。为何称落下闳为"春节老人"呢？在太初历诞生之前，中国人的新年并无统一规定，华夏各地的元旦并不在同一天。太初历规定岁首为正月初一，这一天就成为中国人的新年了。如今，春节这一天，不仅华夏大地万民同庆，全世界都为中国人祝福。假如没有落下闳，便没有太初历，也许就不会有今日普天同庆的春节了。

为制历需要，落下闳亲自制造了一架天文观测仪器，即浑天仪。落下闳的浑天仪由赤道环和其他几个圆环同心安置构成，直径 8 尺，有的环固定，有的环可以绕转，还附有窥管供观测之用。通过实际天文观测，并参阅历代积累的天文数据，太初历第一次记载了交食周期，为 135 个朔望月有 11.5 个食季，即在 135 个朔望月中太阳通过黄白交点 23 次，可知 1 食年为 346.66 日。这比现

代测量值大不到 0.04 日，循此规律可以预报日月食。

太初历所测出的五星会合周期与现代测定值比较，误差最大的火星为 0.59 日，误差最小的水星相差仅仅 0.03 日。另外，作为基本数据，落下闳测定的二十八宿赤道距度(赤经差)，一直沿用到唐开元十三年(725 年)才被一行法师重新测定的值所取代。

落下闳研制的浑天仪和浑象将天文观测与宇宙理论浑天说融为一体。浑天仪是天文观测仪器，用以测定昏、旦和夜半中星以及天体的赤道坐标，也能测定天体的黄道经度和地平坐标。浑象是一个天文演示性仪器，在一大球上刻画或镶有星宿、赤道、黄道、恒隐圈、恒显圈等。浑天仪和浑象是反映浑天说的仪器，是浑天说这一宇宙理论的物理模型。落下闳研制的浑天仪和浑象，在中国用了两千多年，他的创造是开拓性的。后来的天文历法家如贾逵、张衡等人都是在落下闳的基础上加以改进和发展的。落下闳在天文学特别是浑天学上的贡献，对于推动中国天文学的发展起到了举足轻重的作用。

太初历具备了后世历法的主要因素，如二十四节气、朔晦、闰法、五星、交食周期等，是我国现存第一部完整的历法。

中国古代有四大科学门类成果突出，即农学、医学、天文、数学，简称农、医、天、算。落下闳在这些方面均有创获。他不仅继承了中国古代学科领域的成就，而且大大地加以发展。落下闳参与制定太初历，影响了中国科技发展两千年，一直到现在，经久不衰，并已逐渐被世界各国认同，成为光辉的样板。

落下闳发明了"通其率"计算法，用辗转相除法求渐近分数，为历法计算提供了有力的工具。应用辗转相除法求渐近分数，与应用连分数法求渐近分数，其计算程序是一致的。从现代数学观点看，落下闳算法可以实现用有理数逼近实数，以及最佳逼近等，是具有普通意义的数学方法。

2004 年 9 月 16 日，经国际天文学联合会小天体提名委员会批准，中国科

学院国家天文台发现的一颗国际永久编号为 16757 的小行星在北京被正式命名为"落下闳小行星"，以此纪念著名天文学家落下闳。

落下闳是被国际天文学联合会冠名小行星的第 16 位中国科学家，也是将阴阳五行学说成功运用于天文历法的科学家。

（六）董仲舒

董仲舒，广川郡(今河北省景县)人。生于公元前179年，死于公元前104年，是汉朝著名思想家、哲学家、政治家、教育家。

汉武帝从小喜爱读书，胸怀大志。即位后，他要做一番震古烁今的大事业。刚一即位，他就下了一道诏书，命令丞相、御史、列侯、郡守、诸侯相等举荐人才。他深知众擎易举的道理，要想治理好国家，光靠他一个人是不行的。

不久，一些人才被推荐上来了，约有一百多人，其中就有董仲舒。

汉武帝亲自主考，让每人写一篇文章，谈谈自己的治国方略。

卷子交上去后，汉武帝亲自审阅，一边看一边摇头。当他看到董仲舒的文章时，不禁拍案叫好，叹为天下奇文。

董仲舒从少年时代起就钻研《春秋公羊传》。为了专心致志地学习，他谢绝一切客人，用帷幕将书房围起来，一个人坐在里面日夜读书，冥思苦想。他时而坐下高声朗读，时而低头在房中漫步，偶有心得便秉笔疾书。董仲舒整整三年足不出户，外面的春花秋实和夏雨冬雪，他连看都不看一眼。

通过这样的刻苦钻研，董仲舒学问大进，终于建立了自己的完整的理论体系，成了精通儒家学说和阴阳学说的大学问家。

董仲舒认为朝廷对匈奴的进攻一味退让，各王国多次谋反，都是诸子百家的学说在作怪。这些学说不是提倡无为，就是提倡无君无父。为此，他认为必须提倡儒家学说，让人们忠君爱国，奋发有为；必须宣传大一统的思想，巩固皇帝中央集权的地位。

董仲舒根据自己的理解和当时政治上的需要，改造了由孔子创立，经过孟子发展的儒家学说，结合阴阳五行学说，使儒家学说变成了一种为封建政治制度服务的理论。

董仲舒将周代以来的宗教天道观和阴阳五行学说结合起来，吸收法家、道家、阴阳家的思想，建立了一个新的思想体系，成为汉代的官方统治哲学，对当时社会所提出的一系列哲学、政治、社会、历史问题给予了较为系统的回答。

阴阳家与阴阳五行学说

35

董仲舒在著名的《举贤良对策》中系统地提出了"天人感应"、"大一统"学说和"罢黜百家，独尊儒术"的主张。他认为"道之大原出于天"，自然、人事都受制于天命，因此反映天命的政治秩序和政治思想都应该是统一的。

对于天人问题，董仲舒进一步申明"天人感应说"，认为天是群物之主，包润万类，无不容纳。圣人要法天立道："春者天之所以生也，仁者君之所以爱也；夏者天子所以长也，德者君之所以养也；霜者天之所以杀也，刑者君之所以罚也。"天有春生夏长冬杀，人也有仁慈德爱刑罚，天有此理，人有此行，这就是天人之征。

关于古今之道，汉武帝问道："有没有一个万古不变，百世奉行，而又有利无弊的经常之道呢？"对此，董仲舒作了肯定的回答，提出了影响千载的著名哲学命题："道之大原出于天，天不变，道亦不变。"

董仲舒的哲学基础是"天人感应说"。他认为天是至高无上的，不仅创造了万物，也创造了人。因此，他认为天是有意志的，和人一样有喜怒之气，有哀乐之心。

董仲舒继承了阴阳家邹衍的学说，而且将它发展到了极致。董仲舒认为天生万物是有目的的，天意是要大一统的，汉朝皇帝是受命于天来进行统治的，各封国的王侯受命于皇帝，大臣受命于国君。在家庭关系上，儿子受命于父亲，妻子受命于丈夫，这一层层的统治关系都是按照天的意志安排的。董仲舒精心构筑的"天人感应说"把一切都秩序化、合理化了，是为汉朝统治者巩固中央集权专制服务的。

董仲舒用阴阳五行学说体现天的意志，用阴阳的流转与四时相配合，推论出东南西北中的方位和金木水火土五行的关系，突出了土居中央，为五行之主的地位。他认为五行是天道的表现，并进而把这种阳尊阴卑的理论用于社会，从而推论出三纲五常的道德哲学。这里所说的三纲是君为臣纲、父为子纲、夫为妻纲。三纲五常被董仲舒提倡之后，成为我国历代维护封建王朝统治的工具。

六、中医与五行

中国古代中医成功地把五行理论巧妙地运用于医学领域，以五行辩证的生克关系来认识、解释生理现象，适应内部自然规律用于养生，掌握人体运行机制以防病、治病，取得了丰富的经验和成果。

原始的五行物质元素说上升为五行学说之后，基本上已经不是单纯地指五种物质本身，而是作为事物属性的抽象概念来应用了。

首先，中医将事物的性质与五行的特性进行类比，如事物与木的特性相类似，则归属于木；与火的特性相类似，则归属于火。如以五脏配五行，由于肝主升而归属于木，心阳主温煦而归属于火，脾主运化而归属于土，肺主降而归属于金，肾主水而归属于水。

肝属于木，肝主筋并开窍于目，因此筋和目也归属于木；心属于火，因此脉和舌也属于火；脾属于土，因此肉和口也属于土；肺属于金，因此皮毛和鼻也属于金；肾属于水，因此骨和耳也属于水。

五行学说认为属于同一五行属性的事物都存在着一定的联系，如方位的东和自然界的风、木以及酸味的物质都与肝有关。

中医用五行说明脏腑的生理功能与相互关系，如肝喜条达，有疏泄的功能，有木生发的特性，因此以肝属木；心阳有温煦的作用，有火的特性，因此以心属火；脾为生化之源，有生化万物的特性，因此以脾属土；肺气主肃降，有清肃、收敛的特性，因此以肺属金；肾有主水、藏精的功能，有润下的特性，因此以肾属水。

在五行之间存在着相生、相克的联系。所谓相生，即相互滋生、促进、助长之意；所谓相克，即相互制约、克服、抑制之意。生克是五行学说用以概括和说明事物联系和发展变化的基本观点。

中医用五行说明人体脏腑组织之间生理功能的内在联系，如肾（水）之精养肝（木），肝（木）藏血可以济心（火），心（火）之热可以温脾（土），脾（土）化生水谷精微可以充肺（金），肺（金）清肃下行可以助肾水。这是五脏相生的关系。

肺（金）气清肃下降，可以抑制肝（木）阳的上亢；肝性条达，可以疏泄脾（土）的壅郁；脾（土）主运化，可以制止肾水的泛滥；肾（水）主滋润，可以防止心火的亢烈；心（火）主阳热，可以制约肺（金）清肃得太过。这就是五脏相克的关系。

　　在我国传统文化中，中医理论是阴阳五行成功运用的典范。它不是把人体的器官看成个体的独立系统，而是用阴阳五行学说把它们巧妙地、有机地联系起来，从而形成了完整的中医理论。一个成功的中医本身就是一个阴阳家，如名医扁鹊巧妙地利用中医完整的阴阳理论，精于望诊。在中医看来，人体外为阳，内为阴；表为阳，里为阴；背部为阳，腹部为阴；五脏心、肝、脾、肺、肾为阴，六腑胆、胃、大肠、小肠、膀胱、三焦为阳；五脏为阴，五情喜怒悲忧惊为阳。

　　当年，扁鹊路过蔡国都城时，见到蔡国国君蔡桓公气色不好，就断定他体内已经生病，便直言不讳地对他说："主公有病在肤表，如不速治，病情会加重的。"蔡桓公听了，不以为然地说："我好好的，有什么病啊？"扁鹊见他不听医嘱，只得走了。这时，蔡桓公对左右的人说："凡是医生都是贪图名利的。他们没有本事，就把没病的人当有病的人来治，借以显示本领，窃取名利。"

　　过了五天，扁鹊又来见蔡桓公。观察一番之后，扁鹊对蔡桓公说："主公的病已经到了血脉，如果不抓紧治疗，病情会加重的。"

　　蔡桓公听了这话，很不高兴，根本没把扁鹊的话放在心上，扁鹊只得无言而退。

　　又过了五天，扁鹊又来见蔡桓公。经过细致的观察，扁鹊严肃地对蔡桓公说："主公的病已经进入肠胃，再不治就没救了！"

　　蔡桓公听了这话，十分生气，没理睬扁鹊的话。

　　等到扁鹊第四次来见蔡桓公时，只看了一眼就慌忙跑开了。

扁鹊

　　蔡桓公见扁鹊不理他，就派人询问原因。扁鹊回答说："病在肤表，用汤熨可以治好；病入血脉，用针灸可以治好；病到肠胃，用酒剂也能治愈。如今主公的病已经深入骨髓，再也无法医治，我只好走开了。"

　　果然如扁鹊所言，五天后，蔡桓公病重而死。

　　扁鹊精通阴阳，熟知表里，因此能瞧病于初起之时。

七、阴阳五行与相术

　　相面术在我国由来已久，本属于阴阳五行学说的范畴。

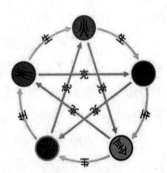

　　中国的相面术并不神秘，是基于阴阳五行学说的原理而形成的独特理论。根据阴阳互根的原理，欲识其内，先观其外。一个人的内涵、本质性的东西，一定会从他的相貌、举止言行表现出来。甚至人的一生，也可以看出大概。

　　诸葛亮才高八斗，学富五车，精通阴阳，善于相术。诸葛亮曾总结了一套全面辨别人才的方法：一、问之以是非而观其志；二、穷之以辞辩而观其变；三、咨之以计谋而观其识；四、告之以祸难而观其勇；五、醉之以酒而观其言；六、临之以利而观其廉；七、期之以事而观其信。

　　唐代大诗人李白不仅文才盖世，而且自幼喜好阴阳之学，并有很深的造诣。李白进长安后，深得唐玄宗的赏识，被封为大学士，成了宫廷顾问。

　　有一天，李白在长安街上看到一辆囚车，车里押着一个人。李白端视一番，忙问车中所押何人。别人告诉他说："此人是郭子仪，在前线打了败仗，损兵折将，现在要押回朝廷问斩了。"李白摇头说："万万不可！我观其人气宇轩昂，日后必为国家栋梁。"于是，李白急忙回宫，在唐玄宗面前为郭子仪说情，使郭子仪得免一死。后来，郭子仪果然能征惯战，平定了安史之乱，挽救了大唐王朝。

　　清末名臣曾国藩不仅是位军事家，还是一位阴阳家。他每逢选择将吏时，必定亲临现场，细心审视候选人的相貌、身材、神态，并观注他们的言谈举止，据以判断候选人的人品及才智。曾国藩在他所著的《冰鉴》一书中，总结了他一生辨识人才的经验："邪正看眼鼻，真假看嘴唇；功名看气概，富贵看精神；主意看指爪，风波看脚筋；若要看条理，全在语言中。"

　　有一天，新来的三位幕僚拜见曾国藩，寒暄之后退出大帐。有人问曾国藩对此三人有何看法，曾国藩说："第一人态度温顺，目光低垂，过于拘谨，小心翼翼，是个小心谨慎之人，适于做文书工作。第二人能言善辩，目光灵动，但说话时左顾右盼，神色不端，是狡诈之辈，不可重用。唯有这第三人，气宇轩昂，声若洪钟，目光凛然，有不可侵犯之气，是个忠直勇毅的君子，有大将风度，前途不可限量。只是其人过于刚直，有偏激暴躁的倾向，如不小心，可能在战场上遭遇不测。"

曾国藩说的这第三人便是日后立下了赫赫战功的大将罗泽南。后来，他果然在一次战争中中弹身亡。

曾国藩担任两江总督时，有人向幕府推荐了陈兰彬、刘锡鸿两人。陈兰彬、刘锡鸿二人颇富文才，下笔千言，又善谈天下大事，负有盛名。接见后，曾国藩对这二人作了评价："刘生满腔不平之气，恐不得善终。陈生虽然沉实，但不会有大作为。"

不久，刘锡鸿作为副使随郭嵩焘出使西洋。由于两人意见不和，常常闹出笑话。刘锡鸿写信给清政府说郭嵩焘带妾出国，与外国人往来密切。郭嵩焘也写信说刘锡鸿偷了外国人的手表。当时主政的是李鸿章，自然倾向于曾门弟子郭嵩焘，便将刘锡鸿撤回，以后不再设副使。刘锡鸿十分怨恨，上书列举李鸿章有十大可杀之罪。当时，清政府正倚重李鸿章办外交，便将刘锡鸿的上书留中不发。刘锡鸿积愤难平，郁郁成疾。刘锡鸿设宴请客时，竟无一人赴宴。不久，刘锡鸿忧郁而终。

陈兰彬于同治八年（1869年）经许振炜推荐进入曾国藩幕府后，曾出使各国。他为人不肯随俗浮沉，但志端而气不勇，终无大建树。

为此，人们交口称赞曾国藩惊人的相面术。

其实，惊人的不是曾国藩的相面术，而是惊人的阴阳五行学说，曾国藩只不过是将阴阳五行学说学通了而已。

中国古代真正的阴阳家都是相面高手，可谓江山代有名人出。

面相学是一门古老的学问，西方也有。其主要的依据是长期统计归纳的结果，主要说明人的性格特征，而不是说人的一生运气的。

真正的面相大师都说相面只作为参考之用，人最重要的还是精神力量和内心世界。

面相大师说一个人面相好时，这个人听了之后要加以发挥；说一个人面相不好时，这个人就要注意了。这样，才符合阴阳五行学说的精神本质，也就是自然规律。

中国文化的经典——《周易》

　　《周易》是中华民族传统文化的代表作，不仅给人以知识，也给人以智慧，在中国历史上产生了重要影响。现在，越来越多的人爱《周易》，学《周易》，用《周易》。然而，由于《周易》图文深奥难懂，又没有一本合适的注释，许多人读得一知半解，在《周易》这座"殿堂"之外徘徊，始终入不了门。本章将对《周易》的一些相关知识加以介绍，试着揭开《周易》神秘的面纱。

一、《周易》概述

《周易》是中华民族传统文化的代表作。不仅给人以知识，而且给人以智慧。现在，越来越多的人爱《周易》，学《周易》，用《周易》。然而，由于《周易》图文深奥难懂，又没有一本合适的注释，许多人读得一知半解，在《周易》这座"神秘殿堂"的外围徘徊而始终难以真正入门。

本书将《周易》的一些基本知识介绍给读者，力求能引导读者对《周易》有一个初步的了解。

（一）《周易》的起源

《周易》又称《易经》，在我国和世界的影响都极为深远，是秦汉后直至今日仍无人能真正通晓的上古典籍。

据传，《周易》的诞生地就是现在的世界遗产城市安阳市，它的起源为"河图""洛书"。传说在远古时代，黄河出现了背上画有图形的龙马，洛水出现了背上有文字的灵龟，圣人依此制定出八卦。到了殷商末年，周文王写下了六十四卦的卦辞。

《周易》为什么叫"周易"？我们所说的《周易》，是指今天所见到的传本。而在周代，《易经》有三种本子，一名为《连山》，二名为《归藏》，三名为《周易》。前两种在汉代已经失传，只有《周易》在民间流传。简单地说，"周"代表着两种意思：一种是代表着朝代，夏朝的《易》叫《连山》，殷商时期的

《易》叫《归藏》，所以，周朝的《易》就叫《周易》；另一种是周普、完备的意思，前人所说的"……《周易》者，言《易》道周普，无所不备"，就是普遍、包容一切的意思，指《易》这部书所讲的道理无所不包。

什么是"易"？"易"的含义有三种。一是"蜥蜴"。《说文解字》上说"易"是蜥蜴，象形

字，古称"易"，俗称四角蛇，其外表可以随每天的十二时辰而变化成十二种颜色。蜥蜴的变化说明《周易》的精神在于守恒而知变。二是"日月"。"易"是会意字，"易"和"明"这两个字都是日和月组成的，一年的十二个月是"易"的运行规律变化，是阴阳永远交替变化、日月互为照应，相辅相成。"易"和"明"二字，说明人对天文的认识：日月行天，一来一往，一升一落，永远交替运行。

三是"龙"。《周易》是一部龙经，通过龙的运动，阐述事物的运动，乾卦就是龙卦。因为"易"即蜴，而蜥蜴是龙的一个稍远分支。《周易》里的第一卦乾卦，就是通过龙的运动规律——潜、见、惕、跃、飞、亢六种运动形式反映事物的盛衰规律。

　　《周易》是一部卜筮之书。它最早的用途即是占卜。但是，它的内容又十分丰富，无所不包，涉及到哲学、占筮、术数（阴阳五行）、天文、地理、兵法等等。但由于时代的局限，它被蒙上了一层卜筮的外衣。《周易》在占筮中融入了忧患意识，甚至包括最早的心理疏导，启发了人们观象及推测、判断的能力，是古代预测学的鼻祖。

（二）　《周易》的作者

　　《周易》究竟是谁写的？这是数千年来人们争论不休的谜题。有学者认为，它是一部集体性著作，《周易》的内容本身不成于一时一地一人之手。《周易》历经几个朝代得以不断完善，是我国先人的集体创作，是中华民族智慧的结晶。

　　长期以来，《周易》的作者究竟是谁一直没有定论。一说《周易》中《易经》与《经传》两部是伏羲、文王、周公（或孔子）三人合著。《孔子世家》坚持孔子说，他们认为文王作卦辞，周公作爻辞，孔子作十翼，这是定论。继承和拓展这一说法的是马融和陆续，他们认为文王作卦辞，周公作爻辞，孔子作十翼，只是他们把传说中的伏羲剔除了。与其稍有不同的是朱熹，他认为《易经》里面有伏羲的《易》，有文王的《易》，有孔子的《易》，在读《易》的时候，必须把这三个人的《易》区别对待，不能混为一谈。

　　孔说还是非孔说这一问题，争论时间很长且十分激烈。一派认定《周易》中的一部的作者非孔子莫属，另一派则断言《周易》与孔子毫不相干。这种争论起源于汉代。在当时"罢黜百家，独尊儒术"的政治背景下，孔门传人认定《易经》为孔圣人所著是有其特定历史条件的。所以，这一派的人都喜在此书中冠以"子曰"字样。这一派即后人所称的"今文学家"。

但是，以先秦时代留下的篆书书写的经本为正宗经典的"古文学家"则认为，以《易经》为首的"五经"都是周代的旧典，是先王留传下来的典章制度的汇编，孔子未出，何以作经？宋代著名文学家欧阳修撰写的《易意子问》中说，《易经》中的《文言》《系辞》《杂卦》等篇与孔子根本毫无关系。清代学者龚自珍则进一步论说：仲尼（孔子）未出生，就先有"六经"了，怎么能说是他（孔子）作的呢？

近代以来，这种争论愈演愈烈。坚持孔说"今文学家"观点的学者皮锡瑞认定：孔子以前不得有经。康有为则一锤定音："凡'六经'皆孔子所作，昔人言孔子删述者，误也。"他认为孔子就是《周易》的作者，连是合著者的说法都概不承认。

持非孔说的"古文学家"以钱玄同为代表，他的结论是：孔子无删改或制作"六经"之事。在这场争论中，郭沫若更是旗帜鲜明，他认为：孔子不但不是《周易》的作者，而且连读也没有读过《周易》。他说，《论语》中关于孔子"五十以学易"的话，鲁语"易"字也作"亦"，不足为信；而《周易》中多次出现的"子曰"非孔子而为荀子。由此，郭先生推断《周易》大多出于荀子门人之手，并认为《周易》可能是战国前楚人馯臂弓汇编成册的。

而1973年长沙马王堆汉墓出土了《汉帛书周易》，书中记载了孔子对《易经》的研究。因此，很多学者认为孔子研究了《周易》，并作了《易传》。

总之，《周易》作者和成书年代问题，是易学史上的重大问题，也是当今学习和研究《周易》的人必须面对和回答的问题。可以肯定的是，《周易》不是成于一个年代，亦非一人所著，是从伏羲到尧舜禹经夏商周历春秋战国，跨越千年，集众多先贤哲人的智慧之大成的作品。

（三）《周易》的流传

《周易》历经数千年之沧桑，已成为一种文化。它画卦于伏羲时代，演卦于文王时期，作爻辞于周公时代，撰写《易传》于春秋战国时代。更重要的是，随着易著三千年的形成及易学的发展，又吸收了中国商周至今三千年的智慧，所以，《周易》是中国五六千年文明智慧的结晶。

《周易》内容十分丰富，涉及的范围很广，它上论天文，下讲地理，中谈人事，从自然科学到社会科学，从社会生产到社会生活，从帝王将相如何治国到老百姓如何处世做人等等，都有详细的论述，真是包罗万象，无所不有。易道讲究阴阳互应、刚柔相济，提倡自强不息、厚德载物。在五千年文明史上，中华民族之所以能够不断发展壮大，根源一脉相传至今，是与我们民族对易道精神的把握息息相关的。

《周易》是我国预测学和信息科学的起源与基础。《周易》中的八卦和六十四卦的卦辞、爻辞，不仅系统地记载了自然科学、社会科学、人体科学和医学方面反映出来的、潜藏的，以及过去、现在和未来的信息，同时还有预测信息的宝贵方法。《周易》是以八卦为主体，以六十四卦为经书，以信息预测而闻名，以其宝贵的科学价值而流传至今，以其深奥的科学理论而为世人所重视，以其对人类的重大贡献而为世人所钦佩和崇拜。

几乎在中国的每一个历史时期，《周易》都是文化的主流。先秦时期，孔子把《周易》列为"六经"之一，在中国文化长河中开始进入主体地位。在汉代，汉武帝采纳了董仲舒独尊儒术的意见后，易学被列为儒学经典，随着儒学地位的提高，《周易》也从"六经"之一奉为"六经"之首。魏晋时期，《周易》被列为"三玄之冠"。隋唐时期，《周易》被定为十三经之首，从此奠定了自己的地位。尤其在唐朝，当外来宗教文化潮水般涌入中国时，《周易》捍卫了中国传统文化的地位，不愧为传统文化的中流砥柱。宋元时期，朱熹创立了理学，把《周易》奉为理学的经典，《周易》一时间更成为中国思想文化的主干。明清时期，乾隆时期修纂的《四库全书》将易著（三百部）列为诸经之首、开卷之文，更确立了易学在中国文化中的核心地位。可见，《周易》在中国每一个历史时期，在传统文化思想中，都起着主干作用。

中华易学文化不仅在中国源远流长，在世界也影响极广。易学与儒学早在2世纪（我国西汉时代）即已超越国界、跨越时空，传到朝鲜、日本，之后又传到新加坡、越南等地。《周易》及"四书"（《论语》《孟子》《中庸》《大学》）在亚洲国家曾一度盛行。15世纪，《周易》及"四书"经意大利传教士传到欧洲，之后又被译为拉丁文及法文版传入西欧，为东西方文化交流作出了贡献。17世纪，《周易》及"四书"被译为俄文传到俄国，在中俄的文化交流上起到了巨大作用。

二、《周易》的思想

（一） 《周易》与中国哲学

　　哲学是智慧之学。有人说德国是哲学的故乡，还有人说，中国也是哲学的故乡。西方哲学是关于外在客体世界的智慧，中国哲学是关于内在主体世界的智慧，它们都是对思维的智慧的反思。哲学的一个很重要的问题，就是世界万物从哪来——这是需要首先回答的。西方人有西方人的回答，中国人有中国人的回答。西方说人类是上帝创造的；中国人的回答就不同——中国人的回答是"和实生物"。

　　关于世界本源问题，在《周易·系辞传》中有一个诠释，叫做"天地氤氲，万物化醇，男女构精，万物化生"。氤氲是互相作用，构精是个融合、交流、交感的过程。对峙的东西，只有融合才能化生万物。构精、氤氲是不断选择的过程，然后才能生出一个新生儿。这个新生儿就是一个第三者，即和合体。这就是《周易》中讲的"近取诸身，远取诸物"。"近取诸身"，就是从人类自身最切近的夫妇构精，然后生出数个新生儿。并由己及人、由己及物，由人类自己的生育而推及天地万物的产生，即"远取诸物"的天地氤氲，而生万物。对于人类的起源问题，中国文化的思维方式是这样的。

　　由此我们可以看出这样几点区别：一是西方人认为上帝造万物，上帝是唯一的、绝对的、全知全能的。而中国人认为万物不是由绝对的、唯一的、全知全能的上帝创造的，而是由天地男女，由多样的、多元的甚至是对立的、冲突的事物经过融合所产生。正因为这样，中国文化才主张多样、多元，不排斥带有不同特性的事物。二是唯一的上帝具有排斥其他东西的排他性、独一性。由此出发而讲斗争，讲非此即彼，讲一方消灭另一方，消灭多元为一元。中国哲学从根底上具有包容性、宽容性、多元性和多样性，讲"万物并育而不相害，道并行而不相悖"。

中
国
古
代
哲
学
思
想

万物、道并育并行，互不相害、相悖，这就是阴阳互补、双赢的思维，而不是一方消灭一方，一方打倒一方的冷战思维。这是西方的思维方式与中国思维方式不一样的地方。三是中国有自己的一套概念形式。孔子讲"天何言哉？四时行矣，百物生矣，天何言哉"，天即使能讲话也不讲话，天不去干预创造万物，即没有一个绝对的天来造万物，万物是由不同事物融合而成的，所以讲和实生物。

正因为和实生物，所以"同则不继"。《周易》的革卦，讲了这样一句话"水火相息，二女同居，其志不相得"。中国古代人认为两个女的在一起，就不能生孩子，人类就不能延续下去。天不可能生万物，地也不可能生万物，只有天地氤氲，才能化生万物。这就是中国追根究底的回答。这个回答不是像西方人讲的中国没有哲学概念，它提出了很多概念，比如说天地、阴阳、男女、氤氲、构精、万物和化生等。其基本的概念就是冲突、融合，这就是生生不息的思维。

中国后来的哲学思想发展，其基本的理论思维框架，很多都是以《周易》的思维为框架的，如两汉易学、魏晋玄学，特别是宋明理学。宋明理学家大都是以《周易》的思维为框架。比如说周敦颐的《太极图说》，从无极而太极，提出了一套概念，基本上就是从《周易》的框架而来，所以周敦颐的《通书》，又叫做《易通》。

《周易》是哲学，这是我国哲学界普遍认同的。《周易》中阐述了一些重要的哲学观点。比如"一阴一阳之谓易"的对立统一观点；"太极生两仪，两仪生四象，四象生八卦"的"一分为二"的观点；"生生不息""变动不居"的变化观点等。这些观点为中国哲学思想的形成起到了奠基作用。

《周易》的哲学思想不仅在我国哲学史上占有重要地位，对世界哲学史的发展也有重要的影响。德国古典哲学大师黑格尔在其《哲学史讲演录》中指出，中国的哲学是"《易经》哲学"，他受《易经》的启发，发明了著名的正反合逻辑定理，后来发展成唯物辩证法。英国历史学家汤因比曾说："19 世纪是英国人的世纪，20 世纪是美国人的世纪，21 世纪是中国人的世纪。"因为"中国的基本理论是阴阳"。

影响最大的是《周易》的阴阳矛盾观念。古人以一画（—）符号象征阳，以二断（--）符号象征阴，明白无误地构成了阴阳矛盾变化的文化观念。《周易·系辞传》说："一阴一阳之谓道。"这是《周易》理论体系的核心纲领。阴阳之道，无形无迹，但却无所不在，其他如八卦、六十四卦等范畴均围绕阴阳矛盾对立的观念展开。如天地、乾坤、男女、父母、雌雄、昼夜、冷热、春夏与秋冬、升降、出入、生死等，甚至连树叶向背，也有阴阳之别。如果没有阴阳矛盾对立的运动变化，世界就会因失去生命源泉而死亡。

《周易》具有朴素而丰富的辩证法。辩证法的本质就是研究对象本身内在的矛盾运动。而《周易》的思维方法，是一个以感悟为特色，在对事物整体把握的前提下进行辩证思维的方法论体系，它不仅承认矛盾对立的普遍存在，进一步确认矛盾对立的运动变化，同时又更深一层地揭示了在一定条件下，阴阳矛盾的对立与相互转化。比如天地、男女，没有地，岂有天？没有女，岂有男？阴阳二气，相互对立又相互依存而运动变化。六十四卦中有所谓正对卦、反对卦，如泰卦与否卦，卦爻之象相反，泰象征吉通泰，否象征多灾多难，彼此矛盾对立，但又相互依存而转化。乐极生悲，由泰化否；否极泰来，脱否转泰。矛盾运动，生生不息，这是生活的辩证法。不仅如此，《周易》更指出运动变化是绝对的，而阶段性的静止是相对的。比如按照卦序，既济与未济是六十四卦中的最后两卦。既济象征已经安全渡河，事业成功；未济象征尚未涉险渡河，事业未成。按常理应是既济在最后一卦。但《周易》作者却置未济为最后一卦。此卦序排列自有辩证法，未济后于既济的卦序显示，象征事业成功的既济卦，只是取得阶段性的暂时胜利，现实生活激励人们，应该再次卷起裤腿，准备重新涉险渡河，开始新的征途。这说明了矛盾运动，辩证发展，旧阶段虽然完成，但新阶段的长征却又开始，人们在高歌猛进而自强不息的矛盾运动中，又继续

前进，并上升到一个新的文明阶段。矛盾运动的客观规律显示，运动变化永无止息。这就是《周易》重"变"的辩证法，它启迪人们，活到老，学到老，自强不息，永无止境。

（二）《周易》与中国宗教信仰

《周易》中一个很重要的观念是讲"和"，正因为讲"和"，而具有包容性、多元性、多样性，所以中国没有像西

方那样，发生过宗教战争。在中国，各宗教都可以互相包容。《周易》对道教与佛教，特别是中国的民间宗教很有影响。

中国文化的这种包容性，体现在一些寺庙当中，可以同时供奉儒、释、道三家。在一个寺庙中，有道教的太上老君、佛教的释迦牟尼，也有儒家的孔子或者民间信仰的关公。同时，作为儒家"六经"之首的《周易》，也成为道教很重要的一个思想来源和根据，如魏伯阳撰《周易参同契》，把"大易""黄老"及"炉火"三家之理契合为一，所以叫"参同契"。该书是道教系统论述炼丹的著作，为"丹经之祖"。魏伯阳的《周易参同契》，不仅对于道教的炼丹术，而且对中国的化学、自然科学的发展也有贡献。

《周易》对佛教也有很大影响。比如说后来藕益大师做《周易禅解》，就是用禅宗的思想来诠释《周易》。有人把"艮"比作文殊菩萨，把"震"比作普贤菩萨，把"兑"比作观音菩萨。所以《周易》的思想对佛教也有影响。

《周易》对中国宗教影响最大的是"保和太和"思想。各个宗教平等相处，互相交流，不要战争，也不要排斥。一个家庭里，祖母、祖父可以信佛教，外国留学回来的儿子、儿媳妇可以信天主教，仅仅在一个家庭当中，就可以宗教并存，这就是《周易》有容乃大、海纳百川的思想。

（三）《周易》的人文精神

1. 自强不息、厚德载物的精神

"天行健，君子以自强不息"是乾卦的大象，"地势坤，君子以厚德载物"是坤卦的大象。中华民族是勤劳勇敢的民族，创造了世界文明，是文明古国之一。所以应该发扬自强不息的精神，但是不要只讲奋斗，因为单纯的奋斗可能产生"亢龙有悔"(乾卦上九)的情况，所以还应有"厚德载物"来调节、补充。厚德载物是讲博大的情怀，海纳百川的超凡气度。换言之，人要效法大地海洋的雍容大度，虚怀若谷，会通万物，以成其功。这样才能接受大家的意见，才能把事情做好。《周易·乾卦》九三爻辞讲："君子终日乾乾，夕惕若，厉，无咎。"君子终日勤勉不懈，晚上又惭惧不安，反省自身。这就是说，不断提高自身的道德修养，才能从"潜龙勿用"到"或跃在渊"。这样人生才能通达"与天地合其德，与日月合其明"的境界。这就是说，既要拼搏进取，又要柔顺恬静；既要轰轰烈烈，又要冷冷静静。二者既冲突又和合，才能完善地体现中华民族的精神特色。

2."天地之大德曰生，生生之为易"的生生精神

宇宙之间最根本、最伟大的德性，就是讲生，所以生生之为易。"易"的核心思想就是生生，是指新生事物、新生命的不断创生。另一方面也是对于生命的重视，对人生意义和价值的尊重。时代风云变幻，新生事物不断出现，我们必须与时俱进，与生生变化相适应，这是时代的要求。如果我们没有生生不息的思想，就不可能持续发展。我们现在研讨的很多问题，比如环境的污染、破坏等等，都与持续发展的思想不相符，也都不是生生不息的思想。

3."穷则变，变则通，通则久"的变通精神

《周易》讲穷则思变。穷要变，变就通，通达才能长久。所以"通"很重要。近代改良主义的激进派谭嗣同，戊戌变法失败后在北京被杀害，他曾经写过一本书，名字叫《仁学》。他在《仁学界说》中说："通有四义，中外通，上下通，男女内外通，人我通。""通"很重要，《周易·泰卦象传》讲"天地交而万物通也"，《否卦》讲"天地不交而万物不通"。《咸卦象传》则讲"天地感而万物化生"，感指交感、感通。假如人为的障碍不破除，就不能交流，不能相通。不能平等地交流，政治、经济、文化、科技就不能发展。目前世界正由于"不通"出现了一些隔阂和冲突。当然这里有贫富的不通，有发达和欠发达的不通，也有各个民族之间、宗教之间的不通。而中国的各宗教之间能沟通、交流，所以能互相包容。

4."日新之为盛德"的日新精神

德者，得也。内得于己，外得于人。中国是讲日新日日新，每天都是新的，这样才能盛德，才能最大限度地获得。内得于己，也就是说自己要提高自己的道德修养，提高自己的道德水平，提高自己的文化素质、道德素质、精神素质、艺术素质等等，这样才能最大限度地得到。外得于

中国古代哲学思想

人，你只有惠泽别人，给予别人，别人才能给予你。孔子讲"己所不欲，勿施于人"，你自己不想要的东西，也不要给别人——你不要战争，也不要把战争强加给别人；你要幸福，也希望别人得到幸福。只有这样，才能外得于人，也就是说应该按"和而不同"的原则来处理问题。日新就是不断地创新。人生在于奋进，生命就在于创新。人的生命价值是在日日新中实现的，只有真正做到日日新，才能成就其千秋大业，以促使天地万物日新月异、永恒变通而呈现其超凡的发展状态。

5. "天道变化，各正性命，保合太和，乃利贞"的和合精神

"天道变化"，就是说天道是不断变化的，在变化中使万物各得其性命，即使每一个事物都能够按照它本身的性质来发展。每个国家都有其自身的性质和特点，每个国家都想按照其自身的轨道来发展，这就是各得其所。各个国家也只有按照自己的发展道路行进，才能保合太和。

保合太和，不只是"乃利贞"，而且万国咸宁。保合太和的核心，就是阴阳和合。保合太和是最高理想。所以太和殿在故宫建筑群的中央，是最大的一个殿，这不是偶然的。从性质上说，古人把太和解释为阴阳会合冲和之气，保持阴阳和合状态；从价值理想上看，太和就是最大的和。

三、《周易》的内容

(一) 《周易》的基本要素

1. 《周易》的结构

从结构上看，《周易》包括"经"（《易经》）和"传"（《易传》）两部分。《易经》分上经、下经两篇。"传"实际上是阐释《周易》经文的专著，即《象传》上下、《象传》上下、《文言》、《系辞传》上下、《说卦传》、《序卦传》、《杂卦传》，共计七种十篇，后世统称《易传》。

《周易》一书有其特殊的文字体裁，既不像现代著作一样分为章节，也不像大多数中国古籍那样分为卷，或分为篇。《周易》一书的基本单元是"卦"，全书分为六十四个"卦"，即所谓六十四卦。六十四卦每卦都有一个特殊的名称，即卦名，其排列次序是固定的。卦画、卦名、卦辞、爻题、爻辞，合起来就构成了一卦的完整内容。这些内容就是《周易》一书的原文，也就是所谓"经"的部分。所谓《经》是解释《易》的，也就是解释《易》的文字谓"经"；除了经文，《周易》一书还包括"传"文，即解释《易经》的文字谓《易传》。《易传》是孔门弟子对《周易》经文的注解和对筮占原理、功用等方面的论述，由十篇著作组成，也称"十翼"。

《周易》所反映的阴阳对立统一的规律是人类社会、自然界发展的普遍规律，因此可以说《周易》的内容涵盖了世界万物，博大精深。《周易》一书的内容主要是象、数、理、辞四大部分。象，即六十四卦符号，六十四卦即六十四个符号，表示事物发展的规律，反复循环，永无止境。数，即指术数，指易卦演变的程序，反映事物的吉凶祸福。理，主要指天地自然，万事万物发展的规律，即一阴一阳之为道，生生不息的道理，主要是从象和数中升华。辞，即六十四卦的卦辞和三百八十六爻的爻辞，也即《易经》的文字部分，用来说明卦义和爻义，反映卦与卦之间的关系和意义。

2. 阴阳爻与阴阳理论

阴阳是《周易》的基础，用简洁的语言说，《周易》的秘密就在两个字：阴、阳。

什么是阴阳？《易传·系辞·上》说："一阴一阳之谓道。"阴阳观念就是说：自然界和人类社会的万物万象，在其内部同时存在两种相反的属性，它们互相依存、互相作用，处于不断的变化之中；其运动是以彼此消长的形式进行的，并始终处于彼消此长、此进彼退的动态平衡状态之中。保持着事物的正常发展变化态势。阴阳观念是一种朴素的唯物思想和辩证法思想，《周易》的主旨，就在于指导我们在与自然界和人类社会的关系上保持阴阳的动态平衡。

《周易》的"阴""阳"，分别呈中断的与相连的线条形状，即"—"与"- -"。古人用阴阳范畴来表现寒暑、日月、男女、昼夜、奇偶等相辅相成概念，正所谓"一阴一阳之谓道"。

中国最著名的古典小说《红楼梦》第三十回中有这样一个情节。一天，史湘云和她的丫环翠缕出去散步。她们走到水池边，看见荷叶随清风荡漾，忍不住停了下来。翠缕说："怎么荷花还没有开？"湘云说："时候还没有到呢，天地间万物都由阴阳二气化生，气到了，荷花就开了。"翠缕不解地问："什么阴啊阳啊，没影没形的，我怎么一点也不懂？"湘云对她说："阴阳哪里有什么影啊形啊，它不过是气，天地中的一切都是阴阳二气产生的，比如天是阳，地是阴；日是阳，月是阴。"翠缕好奇起来，问道："难道花啊，草啊，虫子啊什么的，也有阴阳吗？"湘云接着说："当然有了，什么都有阴阳，比如那树叶的正面叫阳，背面就叫阴。"翠缕越发有兴趣，说道："这下我懂了，男的就是阳，女的就是阴；动物也是一样，公的就是阳，母的就是阴。"

中国人认为，宇宙间有两大势力，一为阳，一为阴。这样的思想，明显是从感性直观中抽象而来的。就人生活的空间而言，有天，有地；就一整天来说，有白天，有黑夜；就一个白天来说，有中午阳光四射的时候，又有晨曦微露和日落时分；就人的生命来说，有朝气十足的青年，又有迟钝的暮年；就人的事业而言，有顺利的时候，又有处于逆境的时候……中国人将诸如光明的、正面的、处于控制地位的力量，概括为阳，将阴暗的、负面的、处于从属地位的力

 中国文化的经典——《周易》

量概括为阴。

阴阳这两大势力相互对立，又相互依存。没有阴，就没有阳，没有阴气的作用，光凭阳气是无法化生万物的。反过来也一样。二者之间相互影响，阳对于阴有吸引力，又有排斥力，阴对于阳也是如此。二者相互作用，宇宙间因此有了活力。阳气上升，阴气下降；阳气是开，阴气是合。一升一降，一开一合，构成了宇宙的动势。一切变化的根源就来源于这二气的作用。

3. 爻位的变化

爻是《周易》最基本的符号，也是组成卦的最小单位。《易经》八卦的两个符号，一个是"—"，另一个是"--"。在《易经》中并没有"阴阳"二字，数百年后的《易传》才把"—"叫阳爻，把"--"叫阴爻。八卦是以阴阳符号反映客观现象。爻的本义是什么，有多种看法。有人认为，"爻"，皎也。一指日光，二指月光，三指交会(日月交会投射)。"爻"代表着阴阳气化，由于"爻"之动而有卦之变，故"爻"是气化的始祖。"—"性刚属阳，"--"性柔属阴。万物的性能即由这阴阳二气演化而来。也有人认为，"—"代表男性生殖器，"--"代表女性生殖器。

爻都有爻题。爻题即爻的名称，阳爻"—"题为"九"，阴爻"--"题为"六"。在每卦中的六爻爻题由爻位名和爻名共同构成，爻位名从下向上分别为"初、二、三、四、五、上"。所以一个卦的阳爻自下而上称为"初九、九二、九三、九四、九五、上五、上六"。凡卦中阳爻爻题皆为九，阴爻爻题皆为六。九与六作为数字和"—""--"符号有着密切的关系。"九""六"数的来源一般认为源于《周易·系辞·上》的占筮法，所以用九、六命名阴阳二爻。

如果初爻是阳爻，那么初爻也可以说成"初九"；如果"六爻"是阴爻，那么"六爻"也可以说成"上六"。初爻加二三爻成一个"卦"，称为"内卦"，也称为"下卦"；四五爻加六爻成另一个"卦"，称为"外卦"，也称为"上卦"。六爻预测，包括纳甲法和梅花易数两种不同方法，纳甲将六个爻结合天干地支五行六亲世应及神煞等众多因素来预测，而梅花易数比较简便，主要依据内外卦、体用卦、互变卦及爻辞等来预测。

以乾卦为例：

乾，元亨利贞

初九，潜龙勿用。

九二，见龙在田，利见大人。

九三，君子终日乾乾，夕惕若，厉，无咎。

九四，或跃在渊，无咎。

九五，飞龙在天，利见大人。

上九，亢龙有悔。

爻的性质：爻不仅可以组成八卦、六十四卦的卦形，更重要的是以它的阴阳二体"—""--"的高度抽象性反映了八卦、六十四卦的不同卦象。爻的阴阳之象（爻象），在每卦的卦象中都起着重要的作用，其最突出的作用是变、动、效。爻和卦的关系是体用关系，卦是事或物的本体，爻是事或物的变用。卦处在静态的角度观察，重在反映世间各种阴阳事物的物象；爻则处于动态的角度观察，重在反映阴阳事物之间的变化和转化。

爻位的变化：爻位是《周易》中的重要概念。它指的是六十四卦各爻所处的位置。爻的"动""变"的性质主要体现在爻位上。阳爻居阳爻位，阴爻居阴爻位，称为得位，否则为失位。按照传统易说，六爻爻位高低不同的等次，象征着事物发展过程中所处的阶段，或象征着贵与贱的身份、地位、条件等。如：初、二爻位象征地位，三、四爻位象征人位，五、上爻位象征天位，反映了古代天地人"三才"的宇宙一统观念。

爻位由下而上的递进，还体现了事物从低级向高级发展壮大及穷极而反的规律。其基本特征为：初位象征事物发端萌芽，主潜藏勿用。二位象征事物崭露头脚，主适当进取。三位象征事物功业小成，主慎行防凶。四位象征事物新进高层，主警惕审时。五位象征事物圆满成功，主处盛戒盈。上位象征事物发展终尽，主穷极必反。

爻位的概念有"当位说""应位说""中位说""趋时说""承乘说""往来说"六种说法。以上六种说法，往往结合起来解释某一卦的卦义和吉凶。由此构成了一个复杂的爻位关系网，这个网连接着六十四卦的卦象、爻象和卦辞、爻辞；并用儒家的伦理观念为中心，以道家阴阳家的学说为辅助，调节着《易经》中的象数与卦爻辞之间的矛盾。爻位说的建立使《周易》的内容开始逻辑化和体系化。

复杂艰深的《周易》思想，其实就奠定在阴阳这两个小小的符号的基础之上。《周易》反映了中国人对宇宙生命的看法。如《周易》有六十四卦，开始两卦是关键，一卦为乾，一卦为坤。乾卦由六个表示阳的符号所组成，坤卦由六个表示阴的符号组成。乾卦象征天，坤卦象征地。二者各有特点：乾卦说的是健，是阳刚之道，坤卦说的是顺，是阴柔之道。二者构成了一刚一柔、一动一静、一开一合的关系。《周易》从乾卦中，提升出"天行健，君子以自强不息"的精神，从坤卦中，提升出"地势坤，君子以厚德载物"的精神。中国人将"自强不息""厚德载物"作为世世代代谨守的两句格言，一方面强调要有刚健进取的精神，另一方面又强调要宽厚包容，像天地那样，勇于承担。这也成了中国文化的基本特点。如中国兵法，其实就奠定在阴阳之法的基础之上，如静如处女、动如脱兔，讲的就是一动一静、一张一弛的道理。再如中国书法有很多法则，归根到底只有一条，就是阴阳一法，阳就是快捷，阴就是迟滞，一疾一涩构成了中国书法的核心思想。

《周易》是讲变的道。《周易》的"易"，是变化的意思。中国人认为，世界上的一切都有阴阳两面，阴阳的相互作用，形成无所不在的运动态势。宇宙中的一切都处在永恒的变易之中，没有固定不变的东西。中国人用流动的眼光看世界，认为生命是一种流动的过程，有人将此形容为"水的智慧"，世界如水一样流动。《周易》的符号系统以阴阳为基础，由阴阳组合成八卦，由八卦叠合成六十四卦，无非就是为了表现生命永远在运动的道理。符号本身是次要的，它所表现的道理才是主要的。

《周易》的每卦有六爻，爻按照《易经》的解释，每一爻都是一个"时位"，既是一个时间点（时），又是一个空间点（位），是时空一体的。易的六爻

的顺序是由下往上，展示的是一个由低级向高级、由初始向纵深的展开过程，在不同的时间形成不同的空间变化。《周易》所展示的不是静止的生命，而是生命的流动过程。

如乾卦六爻的爻辞（对卦中每一爻的说明），以一条龙作比，说的却是人生的道理。第一爻说潜的道理，要"潜龙勿用"，像一条龙潜藏在水底，等待时机。第二爻说"见龙在田"，像一条龙偶尔展现一下

中国古代哲学思想

自己，提醒人们在没有积聚到足够的力量之前，还是不能莽撞，但是可以小露锋芒。第三爻说警惕的道理，是说一个有修养的人必须时时谨慎，"夕惕"——即使在夜晚也不可能松懈。第四爻说适时应对的道理。此时已经积聚了相当多的力量，将要有所成就，但还是要注意，既要像一条巨龙从水中跃起，又要潜藏下去，使人不辨其首尾。第五爻说大展宏图的道理。此爻处于最好的时机，如巨龙在天上飞翔。第六爻说不能过分的道理，"亢龙有悔"——如果做得过分了就会有灾殃。从潜于水中，到大展宏图，再到不能过分的告诫，说明时机在变化，人应对的方式也应该变化。《周易》一直在教导人们如何适应变化。

正因为世界无时无刻不在变，所以《周易》告诉人们，宇宙是一个生命的空间，宇宙不是死的，而是活的。有的东西看起来没有生命，但其实具备一种"活"的精神，处于永恒的变易过程中。这样的思想成为中国文化的精髓，如中国艺术就强调要表现一个活的世界。中国艺术家追求"气韵生动"，就是追求表现活的生命。

4. 阴阳五行和天干地支

（1）阴阳五行

阴阳五行是中国式思维的最基本特点，首先我们可以从常见的"太极图"或"阴阳鱼"说起，《易经》中有句话"无极生太极，太极生两仪，"就像太极图所画的阴阳鱼一样，天下万事万物就是阴阳两种，天与地、光明和黑暗、男女、上下、强弱、多少、老少等等，在易卜中所有因素都应该说明自身阴阳属性，这是进入《周易》的思维方式之门，阴阳关系有以下三个含义：第一，阴阳两种性质是对立的统一，是相互依存的。第二，阴阳两种性质是相互包含的。第三，阴阳之间是相互转化的。

五行就是指金、木、水、火、土。按中国古代思维方式，世界万物都是由五种物质组成的，相应的五种物质有不同特性，它们之间是相生相克的。

所谓相生，如金生水，表示一种事物对另一种事物有促进作用，所谓相克，如金克木，表示一种事物对另一种事物的制约，天下万事万物都是在相生相克中达到的平衡状态。生到极点或克到极点都会向相反的方向转化。例如：《三命通会》中说：

金赖土生，土多金埋，土赖火生，火多土焦，火赖木生，木多火炽，木赖水生，水多木漂，水赖金生，金多水浊。

反之，金能生水，水多金沉，水能生木，木多水缩。木能生火，火多木焚。火能生土，土多火晦，土能生金，金多土衰。

金能克木，木坚金缺，木能克土，土重木折，土能克水，水多土流，水能克火，火炎水热，火能克金，金多火熄。

另外，五行是有次序的，水一、火二、木三、金四、土五。

五行方向：水北、火南、木东、金西、土中央。

五行状态：旺、相、休、囚、死。

(2) 天干地支

天干地支简称干支，是夏历中用来编排年号和日期用的。

历法用天干、地支编排年号和日期，天干共十个字，因此又称为"十干"，其排列顺序为：甲、乙、丙、丁、戊、己、庚、辛、壬、癸；地支共十二个字，排列顺序为：子、丑、寅、卯、辰、巳、午、未、申、酉、戌、亥。其中甲、丙、戊、庚、壬为阳干，乙、丁、己、辛、癸为阴干。子、寅、辰、午、申、戌为阳支，丑、卯、巳、未、酉、亥为阴支。

以一个天干和一个地支相配，排列起来，天干在前，地支在后，天干由甲起，地支由子起，阳干对阳支，阴干对阴支（阳干不配阴支，阴干不配阳支）得到六十年一周期的甲子回圈。称为"六十甲子"或"花甲子"。我国人民过去就是以六十甲子循环来纪年、纪月、纪日、纪时的。

天干地支这二十二个符号错综有序，充满圆融性与规律性。它显示了大自然运行的规律，即时（时间）空（方位）互动，和"阴"与"阳"的作用结果。中国历法包含了阴阳五行的思想和自然回圈运化的规律。

年：每个干支为一年，六十个干支后，又从头算起，周而复始，循环不息。由甲子开始，满六十年称做一甲子或一花甲子。称为干支纪年法。

月：正月是由寅开始，每个月的地支固定不变，然后依次与天干组合；由第一年的正月丙寅月、二月是丁

中国古代哲学思想

58

卯月、三月是戊辰。从甲子月到癸亥月，共六十甲子，刚好五年。

日：由甲子日开始，按顺序先后排列，六十日刚好是一个干支的周期。

时：由甲子时开始，但记时的地支固定不变，每天十二个时辰。

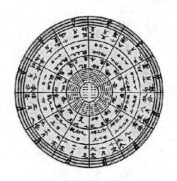

（二）卦序与卦象

1. 卦、八卦、六十四卦

卦：由阳爻和阴爻按照一定规律分别组合，进而说明自然界和人类社会变化规律的排列符号，就叫做"卦"，卦是为特定目的《占筮》而组成的符号排列，是《易经》的基本组成单位。

八卦：是"乾、坎、艮、震、巽、离、坤、兑"八个卦的统称；是由阳爻和阴爻按不同的组合规律，以三个爻为一组分别组成的八种符号排列，《易传·系辞·上》说："是故易有太极，是生两仪，两仪生四象，四象生八卦。"这八个由三个爻组成的卦，也叫经卦或单卦。由阴阳符号所组成的八个卦象，分别代表八种有形的事物：乾，三个阳爻，像天；坤，三个阴爻，像地；震，下面一个阳爻，上面两个阴爻，像雷；艮，上面一个阳爻，下面两个阴爻，像山；坎，中间一个阳爻，上下两个阴爻，像水；离，中间一个阴爻，上下两个阳爻，像火；巽，上面两个阳爻，下面一个阴爻，像风；兑，下面两个阳爻，上面一个阴爻，像泽。泽和上面的坎（水）有区别，坎是没有控制的水，泽是可以控制的水。卦的形象与外物有一定的联系，如象征水的坎，中间一横长，上下是一条直线截为两段，酷似水的波纹。

六十四卦：所谓的六十四卦，是由八卦两两相重而得，八卦则是由阴阳二爻三叠而成。

在阴与阳的基础上，圣人将其符号三叠而成八种不同形状，分别命名为不同的卦名并拟取相应的象征，称为八卦（也称经卦），具体如下：

卦名	象征物	象征意义
乾	天	健

中国文化的经典——《周易》

坤　　　地　　　顺
震　　　雷　　　动
巽　　　风　　　入
坎　　　水　　　陷
离　　　火　　　丽
艮　　　山　　　止
兑　　　泽　　　悦

将八卦两两相叠，构成六十四个不同的组合体，即六十四卦（也称别卦），每卦中的两个八卦符号，居下者称为下卦（也称内卦），居上者称为上卦（也称外卦）。

卦爻辞：所谓的卦爻辞，即系于卦形符号下的文辞，其中卦辞每卦一则，总括全卦大意，爻辞每爻一则，分指各爻旨趣。《周易》共有六十四卦、三百八十四爻，因而相应的也有六十四则卦辞和三百八十四则爻辞（由于乾、坤两卦各有"用九"和"用六"的文辞，故将其并入爻辞之中，即总计三百八十六则爻辞）。

2. 卦象和卦序

卦序：《序卦》是《周易》十篇传文（十翼）中的一篇，是专门论述通行本《周易》本经卦序并揭示诸卦前后相承关系的论文。那么通行本《易经》卦序为什么按照这一次序排列，有什么排列规律，其深刻含义是什么？两千多年来，历代学者对此多有阐述，尽管已发现其中的许多规律，揭示出诸多义理，但是都不是十分令人满意，其根本规律仍未被揭示。

历史上关于卦序的研究主要有两派：一是义理派，二是象数派。对于卦序的研究也主要围绕这两方面进行，义理派主要依照《序卦》解释卦序的承接关系，象数派主要是试图发现卦序中卦与卦间的象数关系，从而揭示其规律。

《周易》的卦序分为八卦卦序和六十四卦卦序两类。卦序体现了《周易》的种种精华。

《周易》六十四卦的排列方式，古人曾用"二二相偶，非复既变"来概括。所谓"二二相偶"即把每二卦分一组，六十四卦共分了三十二组。所谓"复"，指每组中后一卦是前一卦的反复倒卦。具有"复"的关系的卦共有二十八组，五十六卦。所谓"变"指后一卦是前一卦的对卦，前卦反复后仍是本卦，故要发生"变"。也就是前卦的所有爻都阴变阳、阳变阴，以完全相反的方式排列。如乾卦反复后仍为乾，而"变"后为坤卦。

已知的《易经》卦序主要有以下几种：通行本卦序（后天六十四卦序），先天六十四卦序，京房八宫卦序，《元包》卦序，《马王堆帛书易经》卦序。

在这几种卦序中除了通行本卦序外，都有明确的象数关系和易理，其排列顺序有着固定的规律。自古以来，对于通行本卦序的认识主要有三派：一是易理派，认为只能通过《序卦传》的易理来理解卦序。二是象数派，认为通行本卦序与其他卦序一样有着一定的象数规律。三是卦序没有什么象数规律和易理，只是便于记忆而已。这些学者往往对《序卦》易理提出诸多质疑，但是通行本卦序是流传与影响最广泛的一种卦序，是《易经》的重要组成部分，必然也离不开理、象、数之间的关系，而且其排列规律应该遵循至简至易的原则。

卦序分析通行本《易经》卦序六十四卦的排列顺序是：

乾、坤、屯、蒙、需、讼、师、比、小畜、履、泰、否、同人、大有、谦、豫、随、蛊、临、观、噬嗑、贲、剥、复、无妄、大畜、颐、大过、坎、离、咸、恒、遁、大壮、晋、明夷、家人、睽、蹇、解、损、益、夬、姤、萃、升、困、井、革、鼎、震、艮、渐、归妹、丰、旅、巽、兑、涣、节、中孚、小过、既济、未济。

卦象：阴阳爻所构成的符号的形状就叫做卦象。古人用这种符号来象征自然界的具体事物，同时也用这种符号来表达复杂深刻的思想。卦象是表达思想的，卦爻辞是解释卦象的，学习《周易》，要通过卦爻辞的解说来了解卦象，再通过卦象了解《周易》所包含的哲学思想。《周易》和其他中国传统经典的不同之处，在于它有六十四条卦辞和三百八十四条爻辞，然后再演出一万一千五百二十种爻辞解释。而且每一卦的前面都有一个卦象，卦象是由八卦的卦画相重而组成的。

整个一部《易经》是讲卦象的，"易者象也，象者像也，爻者效天下之动也，吉凶生而悔吝著也"。《易经》是讲卦象的，"爻"是模拟天下运动的，在天下万物运动的时候，就产生出人生的吉、凶、悔、吝现象和过程。《周易》在"圣人设卦""观象系辞"的过程中，还把八卦设定了"五行属性"，所谓五行也就是在卦中设定金、木、水、火、土这五类物质属性，卜著者再根据所得卦象和"五行属性"进行卦意解释。

3. 纯卦、覆卦、错卦

纯卦：由一个单卦相叠而成的六爻卦称为"纯卦"，又称"原卦"。六十四卦中共有八个纯卦，即乾卦、坤卦、震卦、巽卦、坎卦、离卦、艮卦、兑卦。乾卦六爻皆阳，称为"纯阳卦"；坤卦六爻皆阴，称为"纯阴卦"。

覆卦：一个重卦的卦象颠倒过来，成为另外一个卦象，称为"覆卦"，又称"综卦""反卦"。如屯卦，倒过来即为蒙的卦象；需卦，倒过来即为讼的卦象。《周易》六十四卦中有二十八对覆卦，就是说有五十六个卦可以颠倒过来成为另外一个卦象。由于两卦之卦象互为颠倒关系，所以覆卦又叫反对之象、倒象。卦象"反对"之卦在《周易》六十四卦中均两两相邻而排在一起。

错卦：两个重卦的位次相同之爻阴阳性质完全相反，称为"错卦"，又称"对卦"，前人或称为"旁通"。

（三）《周易》的理、数、象

《易经》是建立在理、象、数基础上的。可以说，没有理、象、数就没有《易经》。

《周易》这部书，讲的是理、象、数。理是属于哲学的，宇宙间万事万物都有它的理，也必有它的象，反之，宇宙间的任何一个现象，也一定有它的理，同时，每个现象又有它的数。《周易》中每一卦、每一爻、每一点，都包含着

理、数、象的三种涵义。人处在这个世界上，与这个世界的关系在不停地变，只要发生了变，便包含了理、象、数。人的智慧如果达到能懂得事物的理、象、数程度，自然就会知道，事物的变到了一定的数，就一定会变。

象数就是象和数。象是象征、征象。是直观

可见的东西。源于最早的象形文化。象的内容是：观物取象，观象取义。象包括卦象、爻象及易图(八卦图、六十四卦图及方图)、太极图、河图洛书。数：数是抽象的，包括爻数及图数。古代最早的占卜文化是烧鱼甲，然后观看龟兆及龟裂，象数就是起源于观龟的兆及裂纹。数是一种抽象思维，是对象的补充，象数二者相辅相成，共同构成易学特有的象数思维模式，象数思维是《周易》认识事物的独特魅力。

《易经》的象数，若用现代语言概括，应该划入"符号逻辑"的范畴。这种符号逻辑的本质是一种归纳。世间万事万物表面看似乎层叠交错、繁芜杂乱，实际上万事万物又具有普遍的共性特点。几千年前，中国的先哲就认识到了这一点，于是就创造出八个符号：乾三连、坤六断、震仰盂、艮覆碗、离中虚、坎中满、兑上缺、巽下断。

《周易》原为上古巫术之占卜工具书，含有象数及义理之两体，弄清这些，就可化繁为简，理清脉络。

"象"反映《周易》为巫师用来占卜的工具书，是初民社会的巫师据此口头流行而可用以占筮。每卦有其卦象，每爻也有其爻象，总释一卦称之大象，分释每卦各爻称之小象，象使卦及爻暗示事物的性质及发展阶段。而暗示多形多义，可与诸多事物相联系，预示占卜结果。

"数"则是反映《易经》六十四卦、三百八十四爻排列关系的，即反映卜之卦义，亦反映其一定的数学关系，隐含现代的科学知识，譬如遗传密码的排列关系。"数"之两面性尤为明显，占筮关系反映了数的传统方面，而卦与爻的排列关系则反映其数学渊源，便是其对现代科学的预示。

"义"反映其伦理之道义。文王演易便包含一定伦理论述。而孔子的《易传》则反映了天理伦常。

"理"反映《周易》对事物规律的探讨，对易道的分析，又如同现在的物理。

历代易学家分为两大派别，一是"象数派"，另一个是"义理派"。

象数派就是着重于通过《周易》卦象和有关数字解释《周易》。这些解释包括：一、卦象象征什么。《易传·说卦传》列举了《周易》卦象象征的内容，大约有几十项。其中乾象征天，坤象征地，坎象征水，离象征火，艮象征山，兑象征泽，巽象征风，震象征雷。汉代儒者进一步发展了卦象象征的内容，把象征的事物扩大到一百余种。除了沿用原有的象征思路之外，还从总体上让卦象担负象征自然事物和自然法则的任务。比如把卦象按照新的思路排列起来，让它们担负象征一年中气候变迁的任务。他们让坎、离、震、兑四卦象征冬夏春秋四季的气候，让其他六十卦每卦象征六又八十分之七天中的气候状况。六十卦象征的天数之和，就是全年三百六十五又四分之一天，从而构成所谓"卦气说"。二、卦象之间的关系。比如有的卦倒过来就是另外一卦，改变某卦的一爻，该卦就要变成另外一卦。于是，卦的组成、排列以及相互变动的关系，就成了易学家们研究的重要内容。象数派易学家们认为，占到某一卦是吉或者是凶，都不是偶然的，都是由卦象所象征的内容，或者是它和其他卦象的关系决定的。所以在占到某一卦的时候，他们往往要通过这一卦的象征，以及卦与卦之间复杂的相互关系，来说明这一卦是吉还是凶。

然而，他们所说的内容往往互相矛盾。这是因为卦象被创造出来的时候，并没有直接对应他们所说的内容。比如说，卦象本来只是占卜的符号，并不具有象征一年气候变化的意义。今人用卦象象征气候，一定有许多说不通的地方。卦象被创造出来的时候，也没有考虑到卦与卦之间都有什么关系。只是组成六十四卦以后，由于符号简单整齐的性质，它们之间自然形成了某种联系。从不同的角度观察，就会发现不同的联系。汉代学者就发现了卦象之间许多不同的联系。随着汉代的结束，这一派易学家的事业也衰落下去了。继他们而起的，是新一派易学。后人把这一派称为"义理派"。

最初义理派的代表人物，是魏晋玄学家王弼。他对《周易》的研究着重于发挥卦象所阐述的道理，而不着重于卦象之间的关系。他认为，卦象本身表达了某种意思，明白了它的意思之后，就应该忘掉卦象。这就像人们用鱼篓和兽夹的目的是抓鱼和野兽，抓住了鱼和野兽，鱼篓和兽夹就可以放在一边了。

王弼的主张得到了同时代人的肯定，也影响了后来易学发展的方向。和象数派一样，义理派思想家的主张，虽然只是他们自己对《周易》的理解，但他们

一定会坚持那就是圣人的初衷。至少是圣人所作的卦象、卦爻辞中就已经包含着的思想。和象数派一样，他们所说的道理，自然也不能一致。比如坤卦第五爻，卦辞是"黄裳元吉"。王弼说，这是由于女子或者臣下采取了柔顺谦卑的态度，

所以象征它们的阴爻虽然占据着阳爻才应该占据的最尊贵的位置，也是吉利的。但是同样是义理派代表的程颐却说，阴只有安守本分，才会吉利。现在它占据着阳爻的位置，"元吉"的意思就变成了不吉利。

类似的分歧非常多，甚至引起了宋代大儒朱熹的抗议。他说："《周易》哪里有人们所说的许多意思！尽管你们说得天花乱坠，但这些都不是《周易》本来的意思。"为了纠正这种风气，他把自己解释《周易》的著作命名为《周易本义》。朱熹的研究方向是正确的，但是由于各种因素的限制，他的"本义"中仍然有许多是后人强加的、实际也是他自己发挥出来的意思。

这些思想家对《周易》的解说并不是没有意义的。正由于他们不是去追求《周易》的本来意义，而是借题发挥，才会有不断发展着的新的思想出现。而这些新的思想，构成了中国古代智慧发展的重要内容，是传统文化中的宝贵财富。

（四）　《易经》六十四卦解

第1卦：乾为天（乾卦）刚健中正

上上卦

象曰：困龙得水好运交，不由喜气上眉梢，一切谋望皆如意，向后时运渐渐高。

这个卦是同卦（下乾上乾）相叠。象征天，喻龙（德才的君子），又象征纯粹的阳和健，表明兴盛强健。乾卦是根据万物变通的道理，以"元、亨、利、贞"为卦辞，表示吉祥如意，教导人遵守天道的德行。

第2卦：坤为地（坤卦）柔顺伸展

上上卦

象曰：肥羊失群入山冈，饿虎逢之把口张，适口充肠心欢喜，卦若占之大吉昌。

这个卦是同卦（下坤上坤）相叠，阴性。象征地（与乾卦相反），顺从天。承载万物，伸展无穷无尽。坤卦以雌马为象征，表明地道生育抚养万物，而又依天顺时，性情温顺。它以"先迷后得"证明"坤"顺从"乾"，依随"乾"，才能把握正确方向，遵循正道，获取吉利。

第3卦：水雷屯（屯卦）起始维艰

下下卦

象曰：风刮乱丝不见头，颠三倒四犯忧愁，慢从款来左顺遂，急促反惹不自由。

这个卦是异卦（下震上坎）相叠，震为雷，喻动；坎为雨，喻险。雷雨交加，险象丛生，环境恶劣。"屯"原指植物萌生大地。万物始生，充满艰难险阻，然而顺时应运，必欣欣向荣。

第4卦：山水蒙（蒙卦）启蒙奋发

中下卦

象曰：卦中爻象犯小耗，君子占之运不高，婚姻合伙有琐碎，做事必然受苦劳。

这个卦是异卦（下坎上艮）相叠，艮是山的形象，喻止；坎是水的形象，喻险。卦形为山下有险，仍不停止前进，是为蒙昧，故称蒙卦。但因把握时机，行动切合时宜，因此，具有启蒙和通达的卦象。

第5卦：水天需（需卦）守正待机

中上卦

象曰：明珠土埋日久深，无光无亮到如今，忽然大风吹土去，自然显露有重新。

这个卦是异卦（下乾上坎）相叠，下卦是乾，刚健之意；上卦是坎，险陷之意。以刚逢险，宜稳健之妥，不可冒失行动，观时待变，所往一定成功。

第6卦：天水讼（讼卦）慎争戒讼

中下卦

象曰：心中有事事难做，恰是二人争路走，雨下俱是要占先，谁肯让谁走一步。

这个卦是异卦（下坎上乾）相叠。同需卦相反，互为"综卦"。乾为刚健，坎为险陷。刚与险，健与险，彼此反对，定生争讼。争讼非善事，务必慎重戒惧。

第7卦：地水师（师卦）行险而顺

中上卦

象曰：将帅领旨去出征，骑着烈马拉硬弓，百步穿杨去得准，箭中金钱喜气生。

这个卦是异卦（下坎上坤）相叠。"师"指军队。坎为水、为险；坤为地、为顺，喻寓兵于农。兵凶战危，用兵乃圣人不得已而为之，但它可以顺利无阻碍地解决矛盾，因为顺乎形势，师出有名，故能化凶为吉。

第8卦：水地比（比卦）诚信团结

上上卦

象曰：顺风行船撒起帆，上天又助一蓬风，不用费力逍遥去，任意而行大亨通。

这个卦是异卦（下坤上坎）相叠，坤为地；坎为水。水附大地，地纳河海，相互依赖，亲密无间。此卦与师卦完全相反，互为综卦。它阐述的是相亲相辅，宽宏无私，精诚团结的道理。

第9卦：风天小畜（小畜卦）蓄养待进

下下卦

象曰：苗逢旱天尽焦梢，水想云浓雨不浇，农人仰面长吁气，是从款来莫心高。

这个卦是异卦（下乾上巽）相叠，乾为天；巽为风。喻风调雨顺，谷物滋长，故卦名小畜（蓄）。力量有限，须待发展到一定程度，才可大有作为。

第10卦：天泽履（履卦）脚踏实地

中上卦

象曰：凤凰落在西歧山，去鸣几声出圣贤，天降文王开基业，富贵荣华八百年。

这个卦是异卦（下兑上乾）相叠，乾为天；兑为泽，以天喻君，以泽喻民，原文："履（踩）虎尾、不咥（咬）人。"因此，结果吉利。君上民下，各得其

中国文化的经典——《周易》

67

位。兑柔遇乾刚，所履危。履意为实践，卦义是脚踏实地地向前进取的意思。

第11卦：地天泰（泰卦）应时而变

中中卦

象曰：学文满腹入场闱，三元及第得意回，从今解去愁和闷，喜庆平地一声雷。

这个卦是异卦（下乾上坤）相叠，乾为天，为阳；坤为地，为阴，阴阳交感，上下互通，天地相交，万物纷纭。反之则凶。万事万物，皆对立，转化，盛极必衰，衰而转盛，故应时而变者泰（通）。

第12卦：天地否（否卦）不交不通

中中卦

象曰：虎落陷坑不堪言，进前容易退后难，谋望不遂自己便，疾病口舌事牵连。

这个卦是异卦（下坤上乾）相叠，其结构同泰卦相反，系阳气上升，阴气下降，天地不交，万物不通。它们彼此为"综卦"，表明泰极而否，否极泰来，互为因果。

第13卦：天火同人（同人卦）上下和同

中上卦

象曰：心中有事犯猜疑，谋望从前不着实，幸遇明人来指引，诸般忧闷自消之。

这个卦是异卦（下离上乾）相叠，乾为天，为君；离为火，为臣民百姓，上天下火，火性上升，同于天，上下和同，同舟共济，人际关系和谐，天下大同。

第14卦：火天大有（大有卦）顺天依时

上上卦

象曰：砍树摸雀做事牢，是非口舌自然消，婚姻合伙来费力，若问走失未逃脱。

这个卦是异卦（下乾上离）相叠。上卦为离，为火；下卦为乾，为天。火在天上，普照万物，万民归顺，顺天依时，大有所成。

第15卦：地山谦（谦卦）内高外低

中中卦

象曰：天赐贫人一封金，不争不抢两平分，彼此分得金到手，一切谋望皆遂心。

这个卦是异卦（下艮上坤）相叠，艮为山，坤为地。地面有山，地卑（低）而山高，是为内高外低，比喻功高不自居，名高不自誉，位高不自傲。这就是谦。

第16卦雷地豫（豫卦）顺时依势

中中卦

象曰：太公插下杏黄旗，收妖为徒归西歧，自此青龙得了位，一旦谋望百事宜。

这个卦是异卦（下坤上震）相叠，坤为地，为顺；震为雷，为动。雷依时出，预示大地回春。因顺而动，和乐之源。此卦与谦卦互为综卦，交互作用。

第17卦：泽雷随（随卦）随时变通

中中卦

象曰：泥里步踏这几年，推车靠崖在眼前，目下就该再使力，扒上崖去发财源。

这个卦是异卦（下震上兑）相叠，震为雷、为动；兑为悦。动而悦就是"随"。随指相互顺从，己有随物，物能随己，彼此沟通。随必依时顺势，有原则和条件，以坚贞为前提。

第18卦：山风蛊（蛊卦）振疲起衰

中中卦

象曰：卦中爻象如推磨，顺当为福反为祸，心中有益且迟迟，凡事尽从忙处错。

这个卦是异卦（下巽上艮）相叠，与随卦互为综卦。蛊本意为事，引申为多事、混乱。器皿久不用而生虫称"蛊"，喻天下久安而因循、腐败，必须革新创造，治理整顿，挽救危机，重振事业。

第19卦：地泽临（临卦）教民保民

中上卦

象曰：君王无道民倒悬，常想拨云见青天，幸逢明主施仁政，重又安居乐自然。

这个卦是异卦（下兑上坤）相叠。坤为地；兑为泽。地高于泽，泽容于地。喻君主亲临天下，治国安邦，上下融洽。

第20卦：风地观（观卦）观下瞻上

中上卦

象曰：卦遇莲花早逢河，生意买卖利息多，婚姻自有人来助，出门永不受折磨。

这个卦是异卦（下坤上巽）相叠，风行地上，喻德教遍施。观卦与临卦互为综卦，交相使用。在上者以道义观天下；在下者以敬仰瞻上，人心顺服归从。

第21卦：火雷噬嗑（噬嗑卦）刚柔相济

上上卦

象曰：运拙如同身受饥，幸得送饭又送食，适口充腹心欢喜，忧愁从此渐消移。

这个卦是异卦（下震上离）相叠。离为阴卦；震为阳卦。阴阳相交，咬碎硬物，喻恩威并施，宽严结合，刚柔相济。噬嗑为上下颚咬合，咀嚼。

第22卦：山火贲（贲卦）饰外扬质

中上卦

象曰：近来运转锐气周，窈窕淑女君子求，钟鼓乐之大吉庆，占者逢之喜临头。

这个卦是异卦（下离上艮）相叠。离为火为明；艮为山为止。文明而有节制。贲卦论述文与质的关系，以质为主，以文调节。贲，文饰、修饰。

第23卦：山地剥（剥卦）顺势而止

中下卦

象曰：鹊遇天晚宿林中，不知林内先有鹰，虽然同处心生恶，卦若逢之是非轻。

这个卦是异卦（下坤上艮）相叠。五阴在下，一阳在上，阴盛而阳孤；高山附于地。二者都是剥落象，故为"剥卦"。此卦阴盛阳衰，喻小人得势，君子困顿，事业败坏。

中国古代哲学思想

第24卦：地雷复（复卦）寓动于顺

中中卦

象曰：马氏太公不相合，世人占之忧疑多，恩人无义反为怨，是非平地起风波。

这个卦是异卦（下震上坤）相叠。震为雷、为动；坤为地、为顺，动则顺，顺其自然。动在顺中，内阳外阴，循序运动，进退自如，利于前进。

第25卦：天雷无妄（无妄卦）无妄而得

下下卦

象曰：飞鸟失机落笼中，纵然奋飞不能腾，目下只宜守本分，妄想扒高万不能。

这个卦是异卦（下震上乾）相叠。乾为天为刚为健；震为雷为刚为动。动而健，刚阳盛，人心振奋，必有所得，但唯循纯正，不可妄行。无妄必有获，必可致福。

第26卦：山天大畜（大畜卦）止而不止

中上卦

象曰：忧愁常锁两眉头，千头万绪挂心间，从今以后防开阵，任意行而不相干。

这个卦是异卦（下乾上艮）相叠。乾为天，刚健；艮为山，笃实。畜者积聚，大畜意为大积蓄。为此不畏严重的艰难险阻，努力修身养性以丰富德业。

第27卦：山雷颐（颐卦）纯正以养

上上卦

象曰：太公独钓渭水河，手执丝杆忧愁多，时来又遇文王访，自此永不受折磨。

这个卦是异卦（下震上艮）相叠。震为雷，艮为山。山在上而雷在下，外实内虚。春暖万物养育，依时养贤育民。阳实阴虚，实者养人，虚者为人养。自食其力。

第28卦：泽风大过（大过卦）非常行动

中下卦

象曰：夜晚梦里梦金银，醒来仍不见一文，目下只宜求本分，思想络是空劳神。

这个卦是异卦（下巽上兑）相叠。兑为泽、为悦，巽为木、为顺，泽水淹舟，遂成大错。阴阳爻相反，阳大阴小，行动非常，有过度形象，内刚外柔。

第29卦：坎为水（坎卦）行险用险

下下卦

象曰：一轮明月照水中，只见影儿不见踪，愚夫当财下去取，摸来摸去一场空。

这个卦是同卦（下坎上坎）相叠。坎为水、为险，两坎相重，险上加险，险阻重重。一阳陷二阴。所幸阴虚阳实，诚信可豁然贯通。虽险难重重，却方能显人性光彩。

第30卦：离为火（离卦）附和依托

中上卦

象曰：官人来占主高升，庄农人家产业增，生意买卖利息厚，匠艺占之大亨通。

这个卦是同卦（下离上离）相叠。离者丽也，附着之意，一阴附丽，上下二阳，该卦象征火，内空外明。离为火、为明、太阳反复升落，运行不息，柔顺为心。

第31卦：泽山咸（咸卦）相互感应

中上卦

象曰：运去黄金失色，时来棒槌发芽，月令极好无差，且喜心宽意大。

这个卦是异卦（下艮上兑）相叠。艮为山；泽为水。兑柔在上，艮刚在下，水向下渗，柔上而刚下，交相感应。感则成。

第32卦：雷风恒（恒卦）恒心有成

中上卦

象曰：渔翁寻鱼运气好，鱼来撞网跑不了，别人使本挣不来，谁想一到就凑合。

这个卦是异卦（下巽上震）相叠。震为男、为雷；巽为女、为风。震刚在上，巽柔在下。

刚上柔下，造化有常，相互助长。阴阳相应，常情，故称为恒。

第33卦：天山遁（遁卦）遁世救世

下下卦

象曰：浓云蔽日不光明，劝君且莫出远行，婚姻求财皆不利，提防口舌到门庭。

这个卦是异卦（下艮上乾）相叠。乾为天，艮为山。天下有山，山高天退。阴长阳消，小人得势，君子退隐，明哲保身，伺机救天下。

第34卦：雷天大壮（大壮卦）壮勿妄动

中上卦

象曰：卦占工师得大木，眼前该着走上路，时来运转多顺当，有事自管放心宽。

这个卦是异卦（下乾上震）相叠。震为雷；乾为天。乾刚震动。天鸣雷，云雷滚，声势宏大，阳气盛壮，万物生长。刚壮有力故曰壮。大而且壮，故名大壮。四阳壮盛，积极而有所作为，上正下正，标正影直。

第35卦：火地晋（晋卦）求进发展

中上卦

象曰：锄地锄去苗里草，谁想财帛将人找，一锄锄出银子来，这个运气也算好。

这个卦是异卦（下坤上离）相叠。离为日，为光明；坤为地。太阳高悬，普照大地，大地卑顺，万物生长，光明磊落，柔进上行，喻事业蒸蒸日上。

第36卦：地火明夷（明夷卦）晦而转明

中下卦

象曰：时乖运拙走不着，急忙过河折了桥，恩人无义反为怨，凡事无功枉受劳。

这个卦是异卦（下离上坤）相叠。离为明，坤为顺；离为日；坤为地。日没入地，光明受损，前途不明，环境困难，宜遵时养晦，坚守正道，外愚内慧，韬光养晦。

第37卦：风火家人（家人卦）诚威治业

下下卦

象曰：一朵鲜花镜中开，看着极好取不来，劝君休把镜花恋，卦若逢之主可怪。

这个卦是异卦（下离上巽）相叠。离为火；巽为风。火使热气上升，成为风。一切物皆应以内在为本，然后伸延到外。发生于内，形成于外。喻先治家而后治天下，家道正，天下安乐。

第38卦：火泽睽（睽卦）异中求同

下下卦

象曰：此卦占来运气歹，如同太公做买卖，贩猪牛快贩羊迟，猪羊齐贩断了宰。

这个卦是异卦（下兑上离）相叠。离为火；兑为泽。上火下泽，相违不相济。克则生，往复无空。万物有所不同，必有所异，相互矛盾。睽即矛盾。

第39卦：水山蹇（蹇卦）险阻在前

下下卦

象曰：大雨倾地雪满天，路上行人苦又寒，拖泥带水费尽力，事不遂心且耐烦。

这个卦是异卦（下艮上坎）相叠。坎为水，艮为山。山高水深，困难重重，人生险阻，见险而止，明哲保身，可谓智慧。蹇，跛行艰难。

第40卦：雷水解（解卦）柔道致治

中上卦

象曰：目下月令如过关，千辛万苦受熬煎，时来恰相有人救，任意所为不相干。

这个卦是异卦（下坎上震）相叠。震为雷、为动；坎为水、为险。险在内，动在外。严冬天地闭塞，静极而动。万象更新，冬去春来，一切消除，是为解。

第41卦：山泽损（损卦）损益制衡

下下卦

象曰：时动不至费心多，比作推车受折磨，山路崎岖吊下耳，做插右按按不着。

这个卦是异卦（下兑上艮）相叠。艮为山；兑为泽。上山下泽，大泽浸蚀山根。损益相间，损中有益，益中有损。二者之间，不可不慎重对待。损下益上，治理国家，过度会损伤国基。应损则损，但必量力、适度。少损而益最佳。

第42卦：风雷益（益卦）损上益下

上上卦

象曰：时来运转吉气发，多年枯木又开花，枝叶重生多茂盛，几人见了几人夸。

这个卦是异卦（下震上巽）相叠。巽为风；震为雷。风雷激荡，其势愈强，雷愈响，风雷相助互长，交相助益。此卦与损卦相反。它是损上以益下，后者是损下以益上。二卦阐述的是损益的原则。

第43卦：泽天夬（夬卦）决而能和

上上卦

象曰：蜘蛛脱网赛天军，粘住游蜂翅翎毛，幸有大风吹破网，脱离灾难又逍遥。

这个卦是异卦（下乾上兑）相叠。乾为天为健；兑为泽为悦。泽气上升，决注成雨，雨施大地，滋润万物。五阳去一阴，去之不难，决（去之意）即可，故名为夬，夬即决。

第44卦：天风姤（姤卦）天下有风

上卦

象曰：他乡遇友喜气欢，须知运气福重添，自今交了顺当运，向后管保不相干。

这个卦是异卦（下巽上乾）相叠。乾为天，巽为风。天下有风，吹遍大地，阴阳交合，万物茂盛。姤卦与夬卦相反，互为"综卦"。姤即遘，阴阳相遇。但五阳一阴，不能长久相处。

第45卦：泽地萃（萃卦）荟萃聚集

中上卦

象曰：游鱼戏水被网惊，跳过龙门身化龙，三尺杨柳垂金钱，万朵桃花显你能。

这个卦是异卦相叠（下坤上兑）。坤为地、为顺；兑为泽、为水。泽泛滥淹

没大地，人众多相互斗争，危机必四伏，务必顺天任贤，未雨绸缪，柔顺而又和悦，彼此相得益彰，安居乐业。萃，聚集、团结。

第46卦：地风升（升卦）柔顺谦虚

上上卦

象曰：士人来占必得名，生意买卖也兴隆，匠艺逢之交易好，农间庄稼亦收成。

这个卦是异卦相叠（下巽上坤）。坤为地、为顺；巽为木、为逊。大地生长树木，逐的成长，日渐高大成材，喻事业步步高升，前程远大，故名"升"。

第47卦：泽水困（困卦）困境求通

中上卦

象曰：时运不来好伤怀，撮上押去把梯抬，一筒虫翼无到手，转了上去下不来。

这个卦是异卦（下坎上兑）相叠。兑为阴为泽喻悦；坎为阳为水喻险。泽水困，陷入困境，才智难以施展，仍坚守正道，自得其乐，必可成事，摆脱困境。

第48卦：水风井（井卦）求贤若渴

上上卦

象曰：枯井破费已多年，一朝流泉出来鲜，资生济渴人称美，时来运转喜自然。

这个卦是异卦（下巽上坎）相叠。坎为水；巽为木。树木得水而蓬勃生长。人靠水井生活，水井由人挖掘而成。相互为养，井以水养人，经久不竭，人应取此德而勤劳自勉。

第49卦：泽火革（革卦）顺天应人

上上卦

象曰：苗逢旱天渐渐衰，幸得天恩降雨来，忧去喜来能变化，求谋干事遂心怀。

这个卦是异卦（下离上兑）相叠。离为火、兑为泽，泽内有水。水在上而下浇，火在下而上升。火旺水干；水大火熄。二者相生亦相克，必然出现变革。变革是宇宙的基本规律。

第50卦：火风鼎（鼎卦）稳重图变

中下卦

象曰：鸳鸯蛤蜊落沙滩，蛤蜊鸳鸯两翅扇，渔人进前双得利，失走行人却自在。

这个卦是异卦（下巽上离）相叠。燃木煮食，化生为熟，除旧布新的意思。鼎为重宝大器，三足稳重之象。煮食，喻食物充足，不再有困难和困扰。在此基础上宜变革，发展事业。

第51卦：震为雷（震卦）临危不乱

中上卦

象曰：一口金钟在淤泥，人人拿着当玩石，忽然一日钟悬起，响亮一声天下知。

这个卦是同卦（下震上震）相叠。震为雷，两震相叠，反响巨大，可消除沉闷之气，亨通畅达。平日应居安思危，怀恐惧心理，不敢有所怠慢，遇到突发事变，也能安然自若，谈笑如常。

第52卦：艮为山（艮卦）动静适时

中下卦

象曰：财帛常打心头走，可惜眼前难到手，不如意时且忍耐，逢着闲事休开口。

这个卦是同卦（下艮上艮）相叠。艮为山，二山相重，喻静止。它和震卦相反。高潮过后，必然出现低潮，进入事物的相对静止阶段。静止如山，宜止则止，宜行则行。行止即动和静，都不可失机，应恰到好处，动静得宜，适可而止。

第53卦：风山渐（渐卦）渐进蓄德

上上卦

象曰：俊鸟幸得出笼中，脱离灾难显威风，一朝得意福力至，东西南北任意行。

这个卦是异卦（下艮上巽）相叠。艮为山，巽为木。山上有木，逐渐成长，

中国文化的经典——《周易》

山也随着增高。这是逐渐进步的过程，所以称渐，渐即进，渐渐前进而不急速。

第54卦：雷泽归妹（归妹卦）立家兴业

下下卦

象曰：求鱼须当向水中，树上求之不顺情，受尽爬揭难随意，劳而无功运平平。

这个卦是异卦（下兑上震）相叠。震为动、为长男；兑为悦、为少女。以少女从长男，产生爱慕之情，有婚姻之动，有嫁女之象，故称归妹。男婚女嫁，天地大义，人的开始和终结。上卦与渐卦为综卦，交互为用。

第55卦：雷火丰（丰卦）日中则斜

上上卦

象曰：古镜昏暗好几年，一朝磨明似月圆，君子谋事逢此卦，近来运转喜自然。

这个卦是异卦（下离上震）相叠，电闪雷鸣，成就巨大，喻达到顶峰，如日中天。

告诫：务必警惕事物向相反方面发展。治乱相因，盛衰无常，不可不防。

第56卦：火山旅（旅卦）依义顺时

下下卦

象曰：飞鸟树上垒窝巢，小人使计举火烧，君占此卦为不吉，一切谋望枉徒劳。

这个卦是异卦（下艮上离）相叠。此卦与丰卦相反，互为"综卦"。山中燃火，烧而不止，火势不停地向前蔓延，如同途中行人，急于赶路。因而称旅卦。

第57卦：巽为风（巽卦）谦逊受益

中上卦

象曰：一叶孤舟落沙滩，有篙无水进退难，时逢大雨江湖溢，不用费力任往返。

这个卦是同卦（下巽上巽）相叠，巽为风，两风相重，长风不绝，无孔不入，巽义为顺。谦逊的态度和行为可无往不利。

第58卦：兑为泽（泽卦）刚内柔外

上上卦

象曰：这个卦象真可取，觉着做事不费力，休要错过这机关，事事觉得随心意。

这个卦是同卦（下泽上泽）相叠。泽为水。两泽相连，两水交流，上下相和，团结一致，朋友相助，欢欣喜悦。兑为悦也。同秉刚健之德，外抱柔和之姿，坚行正道，导民向上。

第59卦：风水涣（涣卦）拯救涣散

下下卦

象曰：隔河望见一锭金，欲取岸宽水又深，指望资财难到手，尽夜资财枉费心。

这个卦是异卦（下坎上巽）相叠。风在水上行，推波助澜，四方流溢。涣，水流流散之意。象征组织和人心涣散，必用积极的手段和方法克服，战胜弊端，挽救涣散，转危为安。

第60卦：水泽节（节卦）万物有节

上上卦

象曰：时来运转喜气生，登台封神姜太公，到此诸神皆退位，纵然有祸不成凶。

这个卦是异卦（下兑上坎）相叠。兑为泽，坎为水。泽有水而流有限，多必溢于泽外。因此要有节度，故称节。节卦与涣卦相反，互为综卦，交相使用。天地有节度才能常新，国家有节度才能安稳，个人有节度才能完美。

第61卦：风泽中孚（中孚卦）诚信立身

下下卦

象曰：路上行人色匆匆，急忙无桥过薄冰，小心谨慎过得去，一步错了落水中。

这个卦是异卦（下兑上巽）相叠。孚本义孵，孵卵出壳的日期非常准确，有信的意义。卦形外实内虚，喻心中诚信，所以称中孚卦。这是立身处世的根本。

第62卦：雷山小过（小过卦）行动有度

中上卦

象曰：行人路过独木桥，心内惶恐眼里瞧，爽利保保过得去，慢行一定不安牢。

这个卦是异卦（下艮上震）相叠。艮为山，震为雷，过山雷鸣，不可不畏惧。阳为大，阴为小，卦外四阴超过中二阳，故称"小过"，小有越过。

第63卦：水火既济（既济卦）盛极将衰

中上卦

象曰：金榜以上题姓名，不负当年苦用功，人逢此卦名吉庆，一切谋望大亨通。

这个卦是异卦（下离上坎）相叠。坎为水，离为火，水火相交，水在火上，水势压火势，救火大功告成。既，已经；济，成也。既济就是事情已经成功，但终将发生变故。

第64卦：火水未济（未济卦）事业未竟

中下卦

象曰：离地着人几丈深，是防偷营劫寨人，后封太岁为凶煞，时加谨慎祸不侵。

这个卦是异卦（下坎上离）相叠。离为火，坎为水。火上水下，火势压倒水势，救火大功未成，故称未济。

四、学《易》用《易》

伟大而神秘的《周易》，在 21 世纪，必将被更多的能人志士所提及，也必将在人类的发展中得到更加广泛的应用，普通人也可以认识《周易》、学习《周易》、运用《周易》。

古代圣人认为《周易》有四大功用，以言者尚其辞，以行者尚其变，以制器者尚其象，以卜筮者尚其占。而今的各行各业，都可以运用《周易》的辩证思想处理、解决问题。懂《易经》的人，也是崇尚科学的，但认为只有开拓思维，不断地革故鼎新，才能更好地发展科学。《周易》这本书，能开发人的智慧潜能，是一本智者必读之书。

（一）《周易》的历史价值与现实意义

《周易》文化始于远古，用于历代，传世至今，它是中华文化的伟大标志，是中华民族勤劳智慧的象征。在中华五千年的历史中，《周易》文化不但指导着中华子孙不断提高认识世界、征服自然、发展生产的能力，而且对科学发明和社会进步都起着巨大的促进作用。《周易》文化是由实践到认识，再实践、再认识的历史逐步完善的。它的文化构成"太极五行图""河图阴阳生成图""洛书阴阳奇偶图""伏羲先天八卦图"及"文王后天八势图"等都是在特定历史年代形成的，具有很高的历史价值和文化科研价值。

《周易》是中华文明的源头，被称为"群经之首，万经之王"，是中国学术思想的渊源，文化的枢纽。一般人认为对中国文化影响最大的是儒、释、道三家的思想，其实，真正可以称得上这些影响的源头活水的还是《周易》。儒、释、道以及其他诸子百家无不是从《周易》中汲取营养而提出并创立了自己的一派学说。其思想哲学价值、政治历史价值、伦理道德价值、文学艺术价值、生活民俗价值等等都是值得研究与利用的。

《周易》是一部以自然辩证法为支点，从人生观、世界观的高度，指导人的思想、行为的哲学与社会学相融合的著作。它的价值在于充满了辩证思维，充满了真和善的动机，充满了忧患意识，同时也贯穿着进取精神。完全可以称它是远古的精神智慧的结晶。它的精华部分，如黄河之水滋润了中华民族的心田。学《易经》，有助于建立正确的人生观、价值观。

《周易》语言高度精练，富于想象，善用比兴，且有音乐性。我国最早的一批成语，如谦谦君子、群龙无首、不速之客、无妄之灾、虎视眈眈、突如其来、匪夷所思、无始有终等等就是出自《周易》。

《周易》是带有规律性的认识成果。学《周易》有助于反迷信。因为它教人认识一些规律性的东西，而一个人掌握了事物发生发展的客观规律，就像我们知道了昼夜交替、四季转换的规律，就不必用"算卦"来判断明天早晨会不会天明，冬天过后是不是春天一样。

（二）注意掌握学习方法

《周易》对于很多人来说，简直是天书，很多人想学就是不得其门径。所以，专家们常说，学习《周易》要靠"悟性"。其实有很多人已经不知不觉地在生活中运用《周易》的思想，只是他们自己不知道而已。

1. 由浅入深精读名著

学习《周易》要"从流溯源"，所谓"从流溯源"也就是由浅入深，即要先读今人的浅易《周易》注本，再去读宋代以来的注本，再读唐以前的注本，再去研读《左传》《国语》筮例。初学者最好先找一本当代人写的浅易注本来读，作为入门的基础，然后再找几本包含《周易》经传训释和易学理论知识的书来读。入门者也可以先找几本当代人写的书来读。

2. 要积累古文知识

《周易》属于先秦文献典籍，其语言表达符合上古汉语的一般规律。学习《周易》要积累古文基础，培养古文的阅读能力。《周易》涉及的知识领域很宽，包括天文、地理、乐律、兵法、算术诸领域的内容，因此要多读多看，没有什么捷径可走。

3. 要有正确的历史发展观念

学习《周易》要注意《周易》语言的时代特点

中国古代哲学思想

和独特规律，不要"套用""照搬"今天的词义、词汇和句法。《周易》分为经、传两部分。作者不同，产生时代也不同，应分别对待。我们学习《周易》的重点是《周易》古经，难点也是古经。而易传是解释古经的著作。

我们今天学习《周易》，重点是要了解、学习《周易》的思维方式、思想哲学。但《周易》原本是卜筮之书，它表达思想和哲学的方式很特别，卦爻和与之相关的卦爻辞共同成为思想的载体、哲学的工具。要读懂《周易》，了解《周易》的意蕴，不仅需要了解八卦和六十四卦方面的知识，而且需要了解《易》筮的方法和原理。

（三）以科学的态度来了解和运用《周易》

《周易》在中国历史上的影响，可能超出我们的想象。哲学家自不必说，《周易》早已发展成一套系统的中国哲学思想；科学家参照它观察天文地理；医生参照它决定治病的方式；艺术家相信，艺术创造的原理在《周易》中多有提及；古代军事家认为，用兵之道，关键是要精通《周易》的道理，等等。《易传》上说，易道"广大悉备"。意思是说，天底下一切事情都可以包括在"易"的道理中。

目前，我国的《周易》研究已由理论研究，逐步地转向应用研究；立足研究，狠抓应用。现在把研究《周易》同现代科学结合起来的人越来越多，应用成果也越来越多。如气象、体育、医学、优生、经营管理等生活的各个方面，都有新的突破和可喜的成就。可以断定，《周易》的应用，将对我国科学事业的发展，产生不可估量的作用。

中国文化的经典——《周易》

中国古代哲学思想

孟子与性善论

孟子（约公元前372年—公元前289年），名柯，邹人，战国时期伟大的思想家，儒家学派的主要代表之一。孟子生活的战国中期，正当"百家争鸣"的思想繁荣时期，他一方面继承了孔子的政治思想和教育思想等，另一方面又有所发展，形成了自己的政治思想和学术理论，成为仅次于孔子的大儒。随着儒家地位的不断提高，孔子被尊为"圣人"，孟子也被称为"亚圣"。

一、生逢乱世　孟母教子

孟子（约公元前372—公元前289年），战国时期伟大的思想家，儒家学派的主要代表之一。名轲，邹（今山东邹城市）人。约生于周烈王四年，约卒于周赧王二十六年。孟子生活的战国中期较孔子生活的春秋末期，社会更加动荡不安。同时，思想也更加活跃，此时正当"百家争鸣"的繁荣时期。所以，孟子一方面继承了孔子的政治思想和教育思想等，另一方面又有所发展，形成了自己的政治思想和学术理论。同时，在与墨家、道家、法家等学派的激烈交锋中，孟子维护了儒家学派的理论，也确立了自己在儒学中的重要地位，成为仅次于孔子的大儒。随着儒家地位的不断提高，孔子被尊为"圣人"，孟子也被称为"亚圣"。

历史上，对孟子"性善论"的观点基于不同的角度作出了不同的评价。但不管是何种评价之语，都对孟子的性善思想惊叹不已，所以称其为"亚圣"毫不为过。从某种角度上说，孟子为中华民族优秀道德品质的形成以及整个民族精神文化的构建奠定了坚实的思想基础。下面就让我们仔细回顾一下孟子不平凡的一生以及他性善的学术思想，相信你也会从中得到深刻的启发，在以后的为人处世中有更好的衡量标准。

孟子出生距孔子离世（公元前479年）大约百年左右。他的一生，正处于群雄割据、诸侯争霸的战国中后期，适逢乱世，备经坎坷，实为不易。相传孟子是鲁国贵族孟孙氏的后裔。孟子幼年丧父，平民之家，孤儿寡母，十分贫困。在这样的乱世环境里，如何教育好自己的孩子，便成为摆在孟母眼前的一个难

题。孟母的教子事迹在以下几个故事中得以体现，从而使孟母的光辉形象跃然纸上，成为后世父母教育子女的楷模。

第一则是关于"孟母三迁"的故事。早年，孟子一家居住在城北的乡下，他家附近有一块墓地。墓地里，送葬的人忙忙碌碌，每天都有人在这里挖坑掘土。死者的亲人披麻戴孝，哭哭啼啼，吹鼓手

吹吹打打，颇为热闹。年幼的孟子，模仿能力很强，对这些事情感到很新奇，他看到这些情景，也学着他们的样子，一会儿假装孝子贤孙，哭哭啼啼；一会儿装成吹鼓手的样子。他和邻居的孩子玩耍时，也模仿出殡、送葬时的情景，拿着小铁锹挖土刨坑。

　　孟母一心想让孟子成为一个有学问的人，当她看到儿子的这些怪模样时，心里很不好受。她感到这个环境实在不利于孩子成长，认为"此非所以居吾子也"，于是决定搬家。不久，孟母把家搬到城里。战国初期，商业已经相当发达，在一些较大的城市里，既有坐商的店铺，也有远来城市里做生意的行商。孟子居住的那条街十分热闹，有卖杂货的，有做陶器的，还有榨油的油坊。孟子家的西邻是打铁的，东邻是杀猪的。闹市上人来人往，喧闹非凡。行商坐贾，高声叫卖，十分热闹。孟子天天在集市上闲逛，对商人的叫卖声很感兴趣，每天他都学着商人们的样子喊叫喧嚷，学做买卖。

　　孟母觉得家居闹市对孩子更没有好的影响，于是又一次搬家。这次搬到城东的学宫对面。学宫是国家兴办的教育机构，聚集着许多既有学问又懂礼仪的读书人。学宫里书声琅琅，这可把孟子吸引住了。他时常跑到学宫门前张望，有时还看到老师带领学生演习周礼。周礼，就是周朝的一套祭祀、朝拜、来往的礼节仪式。在这种气氛的熏陶下，孟子也和邻居的孩子们做着演习周礼的游戏。"设俎豆，揖让进退"。不久，孟子就进了这所学宫学习礼、乐、射、御、书、数六艺。孟母见孟子这样非常高兴，就安居下来了。

　　孤儿寡母，搬一次家绝非易事，而孟母为了儿子的成长，竟然接连三次搬迁，可见孟母深知客观环境对于儿童成长的重要性。常言说："近朱者赤，近墨者黑。"这一点在少年儿童身上体现得更为明显。因此，创造良好的客观环境，虽然不是一个人成才的唯一条件，但也是其中必不可少的条件之一。孟子后来既没有选择墨学、道学这些显赫一时的学说，也没有像苏秦等纵横家那样，只从个人的权利思想出发，图得个人平生的快意，而是选择儒家学说作为他毕生奋斗的事业。终于成为一位在现实人生中，不为一己之身而谋、舍生取义，只为忧世忧人而谋国、谋天下的"圣人"，这与孟母早期的影响是分不开的。

　　第二则是关于"买肉啖子"的故事。孟子小时候，有一次，看见邻居家磨

孟子与性善论

刀霍霍，正准备杀猪。孟子见了很好奇，就跑去问母亲："邻居在干什么？""在杀猪。""杀猪干什么？"孟母听了，笑了笑，随口说道："是给你吃啊。"刚说完这句话，孟母就后悔了，心想邻居不是为了孩子而杀猪，我却这样欺骗他。这不是在教他说谎吗？为了弥补这个过失，孟母真的买来了邻居家的猪肉给孟子吃。

孟母不仅重视客观环境对少年孟子的影响，而且十分注重言传身教，以自己的一言一行、一举一动来启发教育孟子。"买肉啖子"的故事，讲的就是孟母如何以自己的言行对孟子施以诚实不欺的品德教育的故事。

第三则是"断机教子"的故事。讲的是孟母鼓励孟子读书不要半途而废。孟子少年读书时，开始也很不用功。有一次，孟子放学回家，孟母正坐在机前

织布，她问儿子："《论语》的《学而》篇会背诵了吗？"孟子回答说："会背诵了。"孟母高兴地说："你背给我听听。"可是孟子总是翻来覆去地背诵这么一句话："子曰：'学而时习之，不亦说乎？'"孟母听了又生气又伤心，举起一把刀，"嘶"地一声，一下就把刚刚织好的布割断了，麻线纷纷落在地上。孟子看到母亲把辛辛苦苦织好的布割断了，心里既害怕又不明白其中的原因，

忙问母亲出了什么事。孟母教训儿子说："学习就像织布一样，你不专心读书，就像断了的麻布，布断了再也接不起来。学习如果不时时努力，就永远学不到本领。"说到伤心处，孟母伤心地哭了起来。孟子很受触动，从此以后，他牢牢地记住母亲的话，起早贪黑，刻苦读书。

孟母施教的种种做法，对孟子的成长及其思想的发展影响极大。良好的环境使孟子很早就受到礼仪风习的熏陶，并养成了诚实不欺的品德和坚韧刻苦的求学精神，也为他以后致力于儒家思想的研究和发展打下了坚实而稳固的基础。

二、胸怀大志　拜师求学

孟子在 15 岁以前，深受母亲的教诲，学业也打下了很好的基础。"十五志于学"，开始了他拜师求学的生涯。那么像孟子这样一位旷世大儒，他的老师究竟是谁呢？千百年来，人们一直在寻找。

唯一可以肯定的是，孟子师承于子思。《史记·孟子荀卿列传》称："受业于子思之门人。"子思为何人？《史记·孔子世家》载："孔子生鲤，字伯鱼。伯鱼年五十，先孔子死。伯鱼生伋，字子思，年六十二。尝困于宋。子思作《中庸》。"原来，子思不是别人，是孔子之孙，是战国时著名的大儒。

我们姑且也做一次推算，做一道十分简单的算术题，一算便知了。众所周知，孔子死于公元前 479 年，孔子的儿子伯鱼比孔子早死三年，即公元前 482 年。假如子思为遗腹子，他的出生年也不会晚于其父伯鱼死亡的时间即公元前 482 年。由伯鱼去世的年限下推六十二年，即为子思在世之年，最晚也要到公元前 420 年。而这一年，离孟子出生尚有五十多年。子思如何会成为孟子的老师呢？

所以，司马迁说的应该是对的。"子思之门人"，的确不是子思本人，那么这个人究竟是谁呢？

"予未得为孔子徒也，予所淑诸人也。"孟子本人如是说，他没有直接成为孔子的学生，他是私下里向人学习的。但是，无论孟子师从何人，我们都不难想象，他们都会被孟子的求学热诚所打动。关于孟子拜师的事迹中，有一则非常有意思的故事。

山东曲阜城内，一位年轻的乞丐正缓步行走在街道上。他身材高大，眉清目秀，身上衣服虽破，但显得异常整洁。虽说是一副乞丐打扮，但仍然气宇轩昂。

只见他在街头拦住一人问道："这曲阜城里，是不是有个驼背的老人。他

孟子与性善论

的脊背像小丘似的隆起，眼睛只能看到地面?"但问了很多人之后，也没有找到这个老人。

年轻的乞丐显得很失望，依旧沿街乞讨，东门进、西门出地晃悠了许久。直到半个曲阜城都问遍了，还是没找到那个老人。

这个乞丐就是孟轲。这时候他还是个少年，对儒学非常感兴趣，准备找个师父学习。当时，孔子死后，继承儒家学说的是他的弟子曾子。只可惜孟轲到曲阜的时候，曾子和他的弟子子思早已作古，连子思的儿子子业都已经死了。孟轲只好寄希望于拜子思的门人为师。

主意已定，孟轲便开始与一批自称是子思门人的青年交往，彼此切磋学问，研习儒道。但这些"子思的门人"并没有体会到儒学的精义，就连学问和孟轲相比也只是伯仲之间。孟轲觉得非常苦闷，他是来拜师学艺的，可不是过来交朋友切磋学问的。

有人看到孟轲闷闷不乐的样子，便问他："你有什么烦恼的事情?"孟轲说："我本来想拜子思先生的弟子当老师学习儒学。可到现在，真正有本事的人没有出现啊。"

听完孟轲的话，那人拊掌笑道："原来是要拜师啊，我倒是知道一个人，他肯定符合你的要求。只是不知道他是否还活在这个世上。"原来，当年子思门下有一位学生，名字叫司徒牛。他过目成诵，闻一知十，最能领会老师的意思。

这个司徒牛不仅聪明，品德还十分高洁。当时人们都说，他会是下一个圣人。然而，一场突如其来的重病摧残了他的身体。原本英俊的青年变得佝偻。为了不被人嘲笑，病好后他就消失了。

"他消失也有些年头了，我也不知道他是否还活在世上。不过前阵子，有人好像在城外见过他，你可以试着找找。"听完这番话后，孟轲大喜。为了寻访司徒牛，他特地打扮成一个乞丐，走遍大街小巷。就这样足足找了一个月，也没看到那个驼背老人的影子。

朋友对孟轲说："你还是别找了吧，也许司徒牛早就死了。"可孟轲的倔劲上来了，他说："前些时候还有人见过司徒先生，说明他肯定还在曲阜。像他那样高洁的人，即便因病隐退，也不会离自己的老师太远。"既然城里找不到，那我就去城外找。孟轲的性子一贯如此，下定了决心就不再回头。他四处寻找，足迹遍布城内城外。

　　这天，正是盛夏，天气酷热难耐。孟轲从一个村子寻访出来，被太阳晒得一身是汗。正好路边有个柳树林，林深树密，枝叶繁茂。偶尔有几丝风吹过，带来一点凉意。孟轲走得累了，看到这片树林很是高兴。于是就找了片干净的草地坐下，靠在树干上闭眼休息。整个树林安安静静的，偶尔有几声蝉鸣，也不觉得吵闹。正在孟轲休息的时候，突然一阵小曲儿把他从睡梦中惊醒。当他睁开眼睛的时候，看到一位驼背老人一手持竹竿，一手提口袋，边走边用竹竿去黏在枝头鸣叫的蝉儿。他的动作非常娴熟，竹竿到处，蝉无一能逃，就像在地上拾垃圾一样容易。孟轲眼前一亮，想到了孔子。当年孔子也遇见过一个这样捕蝉的老人。孔子还问过那个老人为什么能捕得如此轻易？之后还从中悟出了一个道理：熟能生巧。只要专心，就能有所成就。

　　而现在，同样是驼背老人，做着圣人夸奖过的事情。那么这个人会不会是司徒牛呢？孟轲心里有点狐疑。这时，驼背老人也发现了孟轲，他微笑着打量着眼前这个青年。"小伙子，大热天的出来干什么呢？"老人的声音不疾不徐，显得非常温和。说话间，他的手也没停，仍然继续黏着蝉。孟轲恭敬地行了一个礼，说道："我是出来寻找师傅的，请问老先生知道一位叫司徒牛的人吗？"说话间，他密切注意着驼背老人的表情，果然，听到司徒牛三个字，老人眼里闪过一丝莫名的情绪。"司徒牛啊……我可不认得这个人。"说着，老人抬腿就要离开。见到这个情形，孟轲迈步向前，行了个大礼，真诚地说道："老先生，弟子孟轲有礼了。"说着，便跪在了地上。

　　那个老人确实是司徒牛，自从驼背以后，便隐居在乡里。平日里读书，闲时效仿孔子书里的驼背老人捕蝉，几十年来也练就了一身好手艺。这次孟轲四处寻访一个驼背老人的消息也传到他的耳朵里，只是他不清楚，这个孟轲到底是一时心血来潮呢，还是真的想学儒学。所以他并没有出现，只是冷眼旁观孟轲的行为。直到孟轲找了一个多月还没灰心，从城里找到城外，仍然毫无放弃之意时，司徒牛才相信，他真的有拜师之心。如今见孟轲恭敬地拜倒在面前，司徒牛赶忙伸手扶起他，说道："也罢，我就是司徒牛，看在你这番诚心的分

孟子与性善论

上，就收了你这徒弟吧。"听到这番话，孟轲非常高兴，但还是遵照礼数，再拜而起，然后从篮子里拿出早就准备好的从师之礼，一只活着的大雁，然后脱去褴褛的外衣，双手托着赞敬重新跪在司徒先生膝下，行拜师入门之礼。

曲阜城外有片深深的山坳，在郁郁葱葱的树林之间，有几间茅草屋，司徒牛便隐居在这里。他不仅种了点瓜果蔬菜，还养了一些鸡鸭鹅。田园生活虽然清贫，但也恬淡自在。孟轲便在草屋里住了下来，专心读书。在授学之前，司徒牛严肃地对他说："你拜我为师的消息，不得外泄。如果有一个人知道这件事，那么你就不是我的徒弟了。"虽然不明白这是为什么，但孟轲还是点头答应了这个条件。司徒牛教导孟轲，和学宫里的老师不一样。他并不是一味地灌输自己的想法，而是定期开列一些书目，让孟轲去城里借来阅读，然后他再稍加点拨。孟轲有读不懂、领会不到位的地方，师生便一起探讨研究。

这种教学方法，让孟轲更深刻地体会到了儒家学说的精妙之处。他在草棚茅舍整整攻读了三年。这一千多天，孟轲几乎没睡过一个好觉，他总是手拿着一卷书，读累了就伏案而眠。夏日酷热，他顾不得摇扇驱蚊蝇；冬季严寒，他顾不得生火取暖。常言道，"好过三伏，难熬数九"。每当数九寒天，孟轲冻得十指皲裂，血迹殷殷，常把书简染得斑斑点点，要是不用清水擦拭还真无法归还……

在这三年里，孟轲打下了坚实的基础。有一天，司徒牛对孟轲说："你到我这里学习，已有三年了。这些日子里，我看到你读书勤奋刻苦的样子，觉得非常欣慰。如今你该读的书已经读完了，我能教给你的也教完了。如果再留在这个茅草屋里，对你来说也没什么意义了。"司徒牛拍着孟轲的肩膀，像朋友一样，絮絮地说着："读书的目的在于齐家、治国、平天下。所以你不能终身读书，该出去一展雄才了。"

听着司徒牛的教诲，望着他清瘦的脸和慈爱的目光，孟轲的眼里含着热泪，不由低头拜道："老师，这三年来多亏了您的教导。如果没有您，也没有我孟轲的今天。我回到故乡后，一定效法孔圣人，兴学宫、办教育。力求推广儒学之道，将圣人和老师的教诲传遍全国。"说完，孟轲对司徒牛恭恭敬敬磕了三个头。

拜别司徒牛后，孟轲回到城里。他果然开始履行自

中国古代哲学思想

92

己的想法，准备兴办学堂。一年多之后，学堂终于落成，命名为"子思书院"。与此同时，孟轲宣布，学堂将面向天下招生，招收的学生没有贫富贵贱之分，来者不拒，人人皆有受教育的机会。但不招未受启蒙教育的孩童，而是招收具有一定基础的青年。

孟轲一边在子思书院传授学业，一边在社会上答疑解惑，与人们交流，而且知无不言，言无不尽，受到人们的欢迎。

从这则故事中可以看出，孟子年轻时期对儒家学说的孜孜以求，以继承和发扬儒学作为对其老师的最好回报。

三、初出茅庐　周游列国

儒家从来都是以入世、修身为目的，并不仅仅是为了追求个人道德的高尚，而是为了齐家、治国、平天下。

孟子和孔子一样，一生中也周游列国，希望各诸侯国能实行仁政，但此时正是群雄割据的年代，"天下方务于合从连衡，以攻伐为贤，而孟轲乃述唐、虞、三代之德，是以所如者不合"。（《史记·孟子荀卿列传》）

明知如此，孟子仍以天下为己任，在 40 岁左右的时候，他仿效孔子周游列国，开始推行他的"仁政"主张。

据说，孟子 44 岁的时候怀抱着自己的政治理想带领弟子周游列国，他游历了宋、滕、魏、齐、梁诸国。在齐国的稷下学宫任教期间，被尊为卿，得享相当于上大夫的俸禄，作为儒学大师，孟子有时"后车数十乘，从者数百人"，往来于诸侯之间，其车乘之多，随从之众，已大大超过当年孔子周游列国时的规模。虽然孟子得到各国君主的礼遇，但其主张终不为当权者所用。

孟子周游列国，原本是想以他的学问、德行与才干，得到国君的赏识，进而为百姓服务。可惜当时的国君要的只是富国强兵，对孟子的仁政理想既没有太大的兴趣，也不想真正去实践。

孟子曾经说过这样的话："尊德乐义，则可以嚣嚣矣，故士穷不失义，达不离道。穷不失义，故士得己焉；达不离道，故民不失望焉。古之人，得志，泽加于民；不得志，修身见于世。穷则独善其身，达则兼善天下。"（《孟子·尽心上》）

既然如此，孟子不是生不逢时、有志难伸，既委屈又无奈吗？实际上，他照样保持着悠然自得的态度。他的观点是："崇尚品德、爱好义行，就可以悠然自得了。所以，士人穷困时不放弃义行，便能保住自己的操守；显达时不背离正道，所以百姓不会失望。古代的人，得志时，恩泽广施百姓；不得志时，修养自己立身于世。不得志时独善其身，显达时兼善天下。"

这些话可谓掷地有声，把知识分子的抱负与风骨，完全彰显出来。他的"独善其身"，并不是与世隔绝，而是努力做好修身的工作，尽好人伦的责任，包括"敦亲睦邻"与"守望相助"等。至于"兼善天下"，则是依据自己的角色与职责，为百姓谋福祉，而其目的是"善"，就是与众人一起走在人生的正途上。若想将来"兼善天下"，现在就要努力"独善其身"，使自己趋于完美。看到这里，我们可以说对孟子的人格品行深深叹服。

孟子与性善论

四、授于故里　著书立说

孟子与孔子一样，一生热爱教育事业。他以"得天下英才而教育之"为人生最大的快乐。

他在 40 岁出仕以前和晚年 70 岁左右返回故里以后，都曾授徒讲学达十多年。

孟子总结了许多行之有效的教学方法，向学生传授修身养性、做人处事的道理，深受学生的尊敬和喜爱。

在他的学生中，有名的学生有乐正子、公孙丑、万章、孟仲子、陈代等，他们不仅是孟子学说的拥护者，而且还一直追随孟子周游列国，为推行孟子的学说不遗余力，成为孟子学说现实中的推行者和继承者。即使到了晚年，这些学生也不离孟子左右，为著《孟子》一书而尽心尽力，建立了很深的师生友情。

孟子晚年，一边继续授徒讲学，一边开始著书立说。孟子和他的弟子们作《孟子》七篇，对后世产生很大影响。

《孟子》一书，着力阐述了孟子的"性善论"观点和"仁政"、"王道"理论，思想极为深刻，言辞极为精辟，且行文大气磅礴、气势如虹，通篇贯穿着一股浩然正气。它是孟子思想的集大成之作。

孟子与其门徒编著的这部书，在列入经典之后，对中国人的思想、心态和精神，都产生了极其深远的影响。下面就以孟子提出的"性善论"为核心内容，进行深入的阐述，相信广大读者一定会从中汲取营养，吸收其中丰富的理论精华。

五、众说纷纭　人本性善

先秦时期，对于人性的本质存在着诸种学说。远古时代，至高无上的天神思想占据着意识形态的统治地位。但到了西周末年，随着周王朝的统治日益衰微，象征天神主宰人世的周天子的地位

不断下降。冥冥中天神对社会的动荡不安已无能为力，于是人们逐渐失去了往日对天神的虔诚，开始把关注的重点转移到人本身。随着社会政治、经济的发展，到了春秋战国时代，终于形成了人性问题讨论的高潮。

春秋战国时期的思想家们，以各自的政治主张为基点，围绕着人性的本质、人性的生成以及人性的发展等一系列问题，提出了不同的观点。最先用较为抽象和概括的语言解释人性的是孔子。他说："性相近也，习相远也。"（《论语·阳货》）这八个字，既肯定了人的社会存在，又指出了人性的差异是由后天的习染、习俗、习惯等因素的不同造成的。这个观点反映了人类自我意识的发展，是对人类认识史的伟大贡献。但孔子没有对"性相近，习相远"的命题展开论证，也没有进一步探讨人性的本质问题。孔子之后，人性问题的讨论则大大深化了。

先秦诸子的人性论有一个显著的特点，即以善恶来判定人性的本质，或曰性善，或曰性恶，或曰性无善无不善，或曰性有善有恶，总之是围绕善和恶作人性的文章。这是因为诸子论人性并不纯粹是学术研究，而是为各自的政治学说、道德学说寻找来自人性的理论根据，也就是说诸子关于人性的种种观点，都是为其政治目的服务的。社会政治是以人的活动为基础的，社会的伦理道德也是建立在人际关系之上的。因此，思想家们为了推行他们的政治主张，不得不从理论上探讨人性的本质问题，企图通过这种探讨把本阶级、本阶层的道德意识规定为共同的人性，并以之为标准来衡量社会政治和人的活动的是非善恶。

孔孟之外，先秦较为重要的人性论观点有如下几种：

性有善有恶论。这是周人世硕的观点。王充《论衡·本性》篇说："周人世

（右侧竖排）孟子与性善论

硕，以为人性有善有恶。举人之善性，养而致之则善长；性恶，养而致之则恶长。如此，则性各有阴阳善恶，在所养焉。故世子作《养书》一篇。宓子贱、漆雕开、公孙尼子之徒，亦论情性，与世子相出入，皆言性有善有恶。"这种观点认为，人性中先天地存在着善和恶两种因素；善的因素得到培养，人性就表现为善；恶的因素得到培养，人性就表现为恶。

告子的性无善无不善论。告子是与孟子同时的思想家，曾就人性问题与孟子展开激烈的辩论。告子认为，人性本无所谓善，也无所谓不善："性犹湍水也，决诸东方则东流，决诸西方则西流。人性之无分于善不善也，犹水之无分于东西也。"（《告子上》）人性就像湍急的流水一样，西方决口就向西流，东方决口就向东流，无从分别善与不善。他还认为，人性中的善不是先天就有的，而是经过后天的培养才形成的。他比喻说："性，犹杞柳也；义，犹桮棬也；以人性为仁义，犹以杞柳为桮棬。"（《告子上》）这种观点是唯物主义的因素，应该加以肯定。但告子又说，"生之谓性"，"食色，性也"（《告子上》），认为人生来就有饮食男女等生理欲望，这才是人性的本质。这是把人的自然属性说成是人的共同本性，忽视了人的社会性，混淆了人与动物的本质区别。

道家的人性朴素论。老庄主张清净无为，反映在人性问题上，认为无知、无欲、无为的原始朴素状态才是人类的善良本性。《老子》说："常德不离，复归于婴儿。常德乃足，复归于朴。"常德，即恒长的德性，是指人的本性而言。婴儿，比喻质朴纯真。王弼注："婴儿不用智而合自然之智。"这里的意思是说，人的天赋本性保持完整充足、不离不散，就是恢复到最质朴的原始阶段。《庄子·骈拇》说："至德之世，同与禽兽居，族与万物并，恶乎知君子小人哉。同乎无知，其德不离；同乎无欲，是谓素朴。素朴而民性得矣。"意思是说，人和禽兽同居的时代是道德最高的时代。在那个时代里，人无知无欲，没有君子

小人之分，保持着一种朴素自然的本性。老庄以无知无欲的原始性、自然性为人的本性，既不符合人的自然属性，也不符合人的社会属性，是一种反人性的理论。

荀子的性恶论。荀子是战国中后期的另一位儒家代表人物。他在人性问题上，与孟子提倡的性善论相对，主张人性本恶。他说："人之性恶，

中国古代哲学思想

其善者伪也。今人之性，生而有好利焉，顺是，故争夺生而辞让亡焉；生而有疾恶焉，顺是，故残贼生而忠信亡焉；生而有耳目之欲，有好声色焉，顺是，故淫乱生而礼义文理亡焉。然则从人之性，顺人之情，必出于争夺，合于犯分乱理而归于暴。故必将有师法之化，礼义之道，然后出于辞让，合于文理，而归于治。用此观之，然则人之性恶明矣，其善其伪也。"（《荀子·性恶》）在荀子看来，好利多欲是人生来就有的恶性，而人类所表现的善的道德行为都是经过后天改造的结果，因此荀子强调人性的改造，这是很正确的。但荀子认为恶的道德意识是生而有之的，这不免又陷入了先天的人性论观点。

法家的人性逐利论。法家认为趋利避害是人类的本性。《管子·禁藏》说："夫凡人之情，见利莫能勿就，见害莫能勿避。凡人之情，得所欲则乐，逢所恶则忧，此贵贱之所同有也。"人情即人性，趋利避害，乐以忘忧，是人类共同的本性，无论贵贱，概莫能外。韩非说："人无毛羽，不衣则不犯寒；上不属天，而下不著地，以肠胃为根本，不食则不能活；是以不免于欲利之心。"（《韩非子·解老》）他认为，人类追求生存的本能是产生欲利之心的根源。为了生存，人总是"安利者就之，危害者去之"（《韩非子·奸劫弑臣》）。在这个基础上，韩非又把趋利避害的人性论进一步解释为人性都是追逐私利的。他说："利之所在，则忘其所恶，皆为孟贲。"（《韩非子·内储说上》）孟贲为古代的勇士，这里比喻人们追逐私利都会像孟贲一样的勇敢。人的本性都是从个人私欲出发的，一旦发现利之所在，都会像孟贲一样猛扑上去。"人性逐利说"是对荀子性恶论的发展和引申，本质上也是一种抽象的人性论。以上种种观点加上孟子的性善论，大体上包括了先秦时期人性学说的主要内容。这些学说，对后世人性学说的发展有着极为深刻的影响。同时这些学科的出现，也标志着早在先秦时代，我国古代先哲就已经开始了对人类自身性质的研究，他们为人类认识自身的发展做出了辉煌的贡献。

面对众说纷纭的人性之争，孟子有着更为独到的见解。孟子第一个明确而系统地提出了人性善论，并对其进行了详细的阐述和论证。理解孟子的人性善论学说对中国现代社会和我们的个人修养都具有重要的现实意义。

孟子认为人性是善的，但不是不可以变更的。这一内容我们可以从孟子与告子的辩论中看出。"告子曰：'性犹湍水也，决诸东方则东流，决诸西方则西流。人性之无分于善不善也，犹水之无分于东西也。'孟子曰：'水性无分于东西，无分于上下乎？人性之善也，犹水之就下也。人无有不善，水无有不下。今夫水，搏而跃之，可使过颡；激而行之，可使在山。是岂水之性哉？其势则然也。人之可使为不善，其性亦犹是也。'"（《孟子•告子上》）在这里，孟子就指明人性的向善，就好像水性的向下流。人没有不向善的，水没有不向下流的。当然，拍水可以使它跳起来，以致高过额头；挡水可以使它倒流，以致引上高山。人性可使为不善，并不意味着人性之不向善，而只表明外力的作用可以改变人的本性。人的善性体现为四心。孟子的"性善论"认为，人生来就有四种善良的心。这四种善良的心，即：恻隐之心、羞恶之心、辞让之心及是非之心。孟子又称之为"不忍人之心"。孟子曰："人皆有不忍人之心。先王有不忍人之心，斯有不忍人之政矣。以不忍人之心，行不忍人之政，治天下可运之掌上。所以谓人皆有不忍人之心者。今人乍见孺子将入于井，皆有怵惕恻隐之心——非所以内交于孺子之父母也，非所以要誉于乡党朋友也，非恶其声而然也。由是观之，无恻隐之心，非人也；无羞恶之心，非人也；无辞让之心，非人也；无是非之心，非人也。恻隐之心，仁之端也；羞恶之心，义之端也；辞让之心，礼之端也；是非之心，智之端也。人皆有是四端也，犹其有四体也。"（《孟子•公孙丑上》）四心即仁义礼智这"四端"。孟子在《孟子•告子上》中也有论述。

孟子是以"良心""本心"论性善的，依照孟子的思想，人性是善的，是因为善根源于心，而心是人与生俱来的。因而孟子是以"心"为基础论性善。"心"在孟子这里是指"良心"，即道德之心和善良之心。孟子对这种特定含义的"心"—"良心"的具体论述为："虽存乎人者，岂无仁心哉？其所以放其良心者，亦犹斧斤之木也，旦旦而伐之，可以为美乎？其日夜之所息，平旦之气，

其好恶与人相近也者几希，则其旦昼之所为，有梏亡之也。"在一些人身上难道没有仁义之心吗？他之所以丧失善良之心，只是因为他不善于保持。要指出的是，孟子在这里将仁心同良心联系起来，二者在这里的含义是一致的。孟子只在仁义之心的意义上讲良心，可见良心不仅是善心，而且还有道德之心，不是认知之心。这从另一个角度来说，也可

看出孟子和儒家一直以来的道德至上论和反智倾向一致。"本"是原本的意思，"本心"就是原本固有之心。孟子认为，"本心"人人都有，区别只在君子能存，小人不能存。万钟之禄如果不符合理义，宁死也不受，因为内心告知我不能接受。这个心是原本就存在的，所以叫本心。如果经不住物质条件的诱惑而接受，就是失去了本心。这样，"心"就有了特定的涵义，成了道德的根据。"心"是孟子性善论思想体系的基础。

孟子不仅将心限定在良心和本心的范围内，而且还认为这个心是人人固有的。他说："乃若其情，则可以为善矣，乃所谓善也。若夫为不善，非才之罪也。恻隐之心，人皆有之；羞恶之心，人皆有之；恭敬之心（即辞让之心），人皆有之；是非之心，人皆有之。恻隐之心，仁也；羞恶之心，义也；恭敬之心，礼也；是非之心，智也。仁义礼智，非由外铄我也，我固有之也，弗思耳矣。"从以上孟子的论述中我们可以看出，他认为四心或仁义礼智"四端"是人本来就有的。

（一）恻隐之心——仁

孟子认为，人人都有恻隐之心，都会对他人产生一种怜悯、不忍之心。如果没有恻隐之心，就不算是个人。孟子又说，恻隐之心，即是仁的萌芽。人人都有恻隐之心，表明仁就是做人的起码原则。他说："夫仁，天之尊爵也，人之安宅也。"（《孟子·公孙丑上》）认为仁是天下最尊贵的爵位，是人最安逸的住宅，因此，人心要永远居住在仁里。孟子说："三代之得天下也以仁，其失天下也以不仁。国之所以废兴存亡者亦然。天子不仁，不保四海；诸侯不仁，不保社稷；卿大夫不仁，不保宗庙；士庶人不仁，不保四体。"（《孟子·离娄上》）可见，人只有时时处处"以仁存心"，才能保身、保家、保国、保天下，仁是人的最本质的属性，是性善的最基本内容。

（二）羞恶之心——义

孟子认为，人人都有一种知荣辱的羞恶之心，廉耻心、羞恶心对于人至关重要。他说："耻之于人大矣，为机变之巧者，无所用耻焉。不耻不若人，何若人有？""人不可以无耻，无耻之耻，无耻矣。"（《孟子·尽心上》）就是说，做人不能没有羞耻心，如果一个人不知道什么是羞耻心，那么，他也就无可救药了。羞耻心可以净化道德、杜绝犯罪。那些诡诈、邪僻的人，都是没有羞耻心的人；如果他们有了羞耻心，自然就不会再干那些勾当。同时，羞耻心还可以催人奋进。一个人如果不以不如别人为耻，那么，他永远也不会赶上别人。只有在羞耻心的驱使下，人们才会奋勇争先自强不息。孟子进一步指出，羞耻之心就是义的萌芽。对于义，他解释说："义，人路也。"（《孟子·告子上》）"义，人之正路也。"（《孟子·离娄上》）表明义是人们为人处世、安身立命所应该遵循的准则。离开了义，人们便无所适从。道德修养高的人，处理事情言必信，行必果，力求做到"唯义所在"。

（三）恭敬之心——礼

孟子强调，为人要有恭敬之心（又称辞让之心），为人处世、待人接物都要"以礼存心""以礼敬人"。孟子处理各种关系，不仅自己以礼待人，而且也渴望别人以礼待己。大王诸侯召见，不待之以礼，孟子则不去拜访；收徒授学不待之以礼，孟子则不予施教。据《孟子·尽心上》记载，有一次，孟子的学生公都子问孟子说："滕更做您的学生时，对他的提问您不予解答，这是为什么呢？"孟子回答说："在五种情况下发问的，我都不予解答。这五种情况是：依仗权势发问，依仗贤能发问，依仗年纪发问，依仗功劳发问，依仗老交情发问。这五种情况，滕更就占了两种，我当然不予回答了。"孟子认为能否"以礼存心"、以礼待人是君子异于一般人之处。

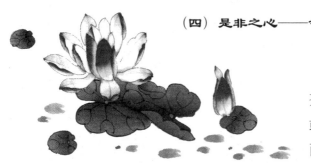

（四）是非之心——智

孟子断言："夫物之不齐，物之情也；或相倍蓰，或相什百，或相千万。子比而同之，是乱天下也。"

（《孟子·滕文公上》）这就是说，事物都是不相同的，事物与事物之间，或相差一倍五倍，或相差十倍百倍，或相差千倍万倍。如果把它们说成是相同的，必然要导致混乱。因此，对于不同的事应作出不同的裁决或权衡。这就是"是非之心"。以天性与命为例，口追求美食，目贪图美色，耳希冀美音，鼻渴望美味，四肢向往安逸，这些都是人的天性。然而，口、目、耳、鼻、四肢的要求是否能得到满足都是天命在主宰，并不以人的主观愿望为转移。因

此，有德性的人便不把口之求味，目之求色，耳之求声，鼻之求臭，四肢之求安逸视作天性之必然而一味地去贪求。相反，仁之于父子，义之于君臣，礼之于宾主，智之于贤者，圣人之于大道，虽然能够证明是否属于天命的安排，但是也要自己努力去做到。君子对性与命的这种权衡和理解，充分说明了人的是非之心。孟子指出，是非之心就是智的萌芽。人人都有是非之心，表明人人都有判断是非、羞恶的本能。例如，对于仁，孟子指出"仁者爱人"，但并非对每个人都一视同仁，而是要求对不同的对象按其亲疏贵贱施以不同的爱。于是，孟子强调"仁者无不爱也，急亲贤之为务"（《孟子·尽心上》），然后再"以其所爱及其所不爱"（《孟子·尽心下》）。仁者爱人的次序是"亲亲而仁民，仁民而爱物"（《孟子·尽心上》）。对于万物是爱之而不仁，对于一般人是仁之而不亲，对于父母和圣贤才会爱、仁且亲。这表明，仁的爱人精神是有亲疏贵贱之别的，能根据不同的对象予以不同对待就是智，反之就是不智。

虽然人人皆具有善端，但是性善的人还不足以构成善人，因为知道并不等同于行为，必须要真地实现了德性、善性，真正践行了德行、善行，才算是真正的善人。人都具有成为善人的先天素质或潜能，因而仁义礼智的四端，还有待于后天的学习，需要靠后天的努力去实现这仁义礼智的道德理想。如何实现善性，如何将良心本心表现出来，如何才能使人弃恶扬善？如何使"四端""扩而充之"以至性善臻于完备？根据孟子所说，保持良心本心并使之成为完美的道德有以下两个原则。

首先，要存心养气。存心是孟子的重要思想："君子所以异于人者，以其存心也。君子以仁存心，以礼存心。"君子与庶人本是同类，君子之所以高于庶人，只是因为君子善于存心。人人都有"仁义礼智"之心，把它保存好，不要

丢失了，就能成为君子；不能保存，丢失了，就成了庶人。孟子想要表达的意思是一个人要成为君子就必须要能保证原本的仁义之心不丢失。那么反过来讲，一些人之所以成了恶人，只是因为没能保住原来的仁义之心。存心只是基础，接下来孟子提出了养气的具体方法："……我善养吾浩然之气……其为气也，至大至刚以直，养而无害，则塞于天地之间。其为气也，配义与道；无是，馁也。是集义所生者，非义袭而取之也。行有不慊于心，则馁矣……必有事焉，而勿正，心勿忘，勿助长也。"孟子所谓的"浩然之气"，即个人在最高境界中的精神状态，这种气具有宏大、刚健、正直的特征，如用正确的方法培养它而不伤害它，那它就会使你充满正气；这种气要与正义和道德结合，不然就不会有气势；这种气势是靠平时累积正义感而生成的，而不是偶然一两次的正义行为就能形成的。一方面要坚持不懈地培养这种气，内心要时刻铭记不忘，但又不能违背规律操之过急，否则不会有成效。"集义"既久，最终就能"居天下之广居，立天下之正位，行天下之大道"，从而可"谓大丈夫"。

其次，要先立其大。存心养性做好了，有了浩然之气，良心本心发展了，就有了道德的基础，顺其发展就可以成就道德了。但是除此之外，人还有食色利欲。孟子分别将良心本心和食色利欲成为"大体"和"小体"。良心本心之为大体，是其作用大；而食色利欲之为小体，是其作用小。这正如"体有贵贱，有小大"，身体的组成部分有重要的和不重要的，有大的和小的。既然有"大体"和"小体"之分，那么就有一个如何处理二者关系的问题。孟子主张以"大体"制约"小体"。"公都子问曰：'钧是人也，或为大人，或为小人，何也？'孟子曰：'从其大体为大人，从其小体为小人。'"可见，"小体"不能决定人的价值，"大体"才能决定人的价值，人只有从其"大体"才能实现其价值。总的说来，从以上可以看出孟子以"心"论性，为性善论找到了逻辑上的根据，人人有"心"，那么自然人人性善，性善论自然成立。

以上这两点概括地说，就是要具有从善如流的主观愿望。"舜之居深山之中，与木石居，与鹿豚游，其所以异于深山之野人者几希，及其闻一善言，见一善行，若决江河，沛然莫之能御也。"（《孟子·尽心上》）孟子认为，要想成为尧

舜那样充分实现性善的人并不困难，只要愿意"服
尧之服，诵尧之言，行尧之行，是尧而已矣"（《孟
子·告子下》）。即只要能以尧舜一言一行、一举一动
作为行动的准则，努力实践，就能达到"人皆可以
为尧舜"（《孟子·告子下》）。有了向善的主观愿望
之后，必须通过自我反省的修养方法去寻求自己的

善心。孟子说："爱人不亲，反其仁；治人不治，反其智；礼人不答，反其敬；
行有不得者皆反求诸己，其身正而天下归之。"（《孟子·离娄上》）仁义礼智观
念是人际关系的道德准则，只有在与他人的交往中才能考察自己的道德观念是
否达到充实、完美的程度。又因为"仁义礼智根于心"，所以考察的方法是向自
己的内心寻求，反躬自问，检察自己内心的仁义礼智有没有得到扩充，还要继
续加强道德修养。

再次，孟子还认为在道德修养过程中，必须注重客观环境的影响。他在与
宋国大臣戴不胜交谈时讲了一个楚人学齐语的故事，然后说："子谓薛居州，
善士也，使之居于王所。在于王所者，长幼尊卑皆薛居州也，王谁与为不善？
在王所者长幼尊卑皆非薛居州也，王谁与为善？一薛居州，独如宋王何？"
（《孟子·滕文公下》）薛居州是宋国道德良善之士，把他安排在宋王周围，是为
了用良好的道德影响宋王。但孟子认为仅一个薛居州不足以使宋王的道德完善
起来，这就如同楚人学齐语，尽管请了齐人为师，但在众多楚人包围之中仍然
学不好，必须置身于齐人之间才能学好。因此，进行道德修养必须选择良好的
客观环境。孟子又认为，客观环境只能影响人性发展和完善的程度，不能改变
人性的本质，不是决定性因素。他说："富岁，子弟多懒；凶岁，子弟多暴。
非天之降才尔殊也，其所以陷溺其心者然也。今夫麦，播种而之，其地同，树
之时又同，然而生，至于日至之时，皆熟矣。虽有不同，则地有肥硗，雨露之
养，人事之不齐也。"（《孟子·告子上》）少年子弟的懒惰与横暴，并非天生本
性如此，而是由客观环境造成的。这就如同种麦子，客观环境的好坏只能影响
收成好坏，而不会种麦而得豆。因此，要想使人性得到完善与发展，客观环境
固然很重要，但关键要依靠人的主观努力。

从孟子"性善论"的内容我们可以看出，孟子的"性善论"包括生而固有
的"四端"，这是说明"性善"具有普遍性。同时还包括后天的"扩充"才能使

"性善"完备，他看到了后天的外部环境对人性发展有着重大的影响作用。这种认识显然有接近唯物主义认识论的倾向，在当时历史发展的条件下，孟子能看到这一点是十分可贵的。这是否就可以认为孟子的"性善论"是唯物主义性质呢?孟子是在人性先天而善的前提下承认后天环境对人性的影响的，认为保持善良的本性主要取决于"求"。他说："恻隐之心，仁也；羞恶之心，义也；恭敬之心，礼也；是非之心，智也。仁义礼智，非由外铄我也，我固有之也，弗思耳矣。故曰：'求则得之，舍则失之。'或相倍蓰而无算者，不能尽其才者也。'"（《孟子·告子上》）这可明白看出："求"乃"思"耳，就是"思"其"在我"的"固有"之物"良心"；"舍"即"弗思耳"，亦即"失其本心""放其良心者"也。表明孟子强调"思""求"对于保持"固有"之"本心"的决定作用，即强调主观意志和主观努力在人性的保持发展中的作用。孟子承认后天环境对人性的影响作用，但更注重的是主观思想意识对人性的决定作用。综上所述，可以对孟子"性善论"的性质做一个简短的结论：孟子虽然承认了后天客观环境对人性的影响，在这一点上具有一定的唯物倾向；但是，他的"性善论"的理论前提是性善先天固有，并强调主观意识在人性发展和保持中的决定作用，这两者都是主观的东西。而判断唯物主义与唯心主义的标准只有一个，就是看意识与物质谁是第一性的，谁决定谁。据此，孟子"性善论"是建立在主观唯心主义的基础上的，具有主观唯心主义的性质。

 中国古代哲学思想

六、追根溯源　发展仁性

　　孟子的性善论，当然是出于时代课题的催促，但从思想史的角度来看，孟子的"性善论"与孔子的"仁"有着内在的思想脉络关系：它既是对孔子"仁"的思想的继承，又是对孔子"仁"的思想的发展。如牟宗三所指出："孟子所讲的是根据孔子的仁来讲性善。"孔子的思想以"仁"为核心，整部《论语》谈到仁的地方很多，《论语》共 498 章，其中有 58 章共 105 次提及"仁"，但都是随意而说，看起来没有明确的系统的解释。张岱年认为，"己欲立而立人，己欲达而达人"，这"便是孔子所规定之仁之界说"，"仁的本旨"或"中心意谓"。然而，认为由己及人、由己爱人，只是指出了仁的社会性即人际关系向好的方向发展，达到和谐及其他"善"的方面的特征，只是看到了仁是社会关系方面的自觉，而未曾注意到仁还具有更为重要的一点，即人对自身认知的自觉。杜维明认为这与其说只是一个人际关系的概念，毋宁说它是一个内在精神的原则。这个"仁"不是一个从外面得到的品质，也不是生物的社会的或政治力量的产物。

　　对此，朱熹的解释是："盖仁自有而自为之。"仁是人自有的、能动创造的内在品质。它与作为外在规范的礼不同，反映了人对自己的初步自觉。孔子对仁谈了很多，但对性几乎没有说，只是说"性相近，习相远"。

　　他的学生亦说："二章，可得而闻也；夫子之言性与天道，不可得而闻也。"对于命，也同样如此。孔子罕言命，这说明，性与天命在孔子那里还没有做自觉的分疏，性仍在命的笼罩之下而无法多说。孔子已把仁的实质看作是人能动创造的内在品质，但他没有从人之性上予以落实。与孔子有所不同的是，孟子虽也着力宣扬仁义，并且常常仁义并举，多有比较详细的发挥，明了性与命的分疏。孟子认为命是"求在外者"，性是"求在我者"，仁义并非是外在的命，而是人的内在能动性，认为人的向善和为善都有内在能动的根据。就此来说，为孟子的性善论中的仁提供了心性的解释和基础，极大地突出了孔子的仁所具有的内在能动性的思想。由此，孟子进一步认为，"尽其心者，知其性也。知其性，则知天矣"，从中我们知道孟子"性善"的确立，既以现实的善为起点，又与孔子所疏远的天（不是外在的天，而是内在的形上之天）重新相沟通，从而是生理情感世界与超验世界的合一。

七、中肯分析 客观评价

　　孟子把人所独有的、先天的、内在的，并且对人的行为具有本源意义的性质称为人性，这个人性在他看来就是善，就是道德。人之所以高于禽兽，是因为善和道德。这种对人性的看法是片面的、机械的。马克思主义承认人性的存在，但它不是与生俱来，而是在后天的实践中形成的；它不是人类思想和行为的最终本源，相反，它是由人们的社会实践决定的。人的本性不是善，而是社会性，"人是社会关系的总和"。人性是个很复杂的问题，其中肯定包含着道德性，即人类需要一定的道德，能够履行道德的准则，这就是所谓的善。但是人类又能恶，能够否定道德，而且恶也并非都是坏事，它在一定条件下可以成为历史发展的动力。善与恶总是如影相随，相辅相成的，不仅如此，善与恶的具体内容也是不断变化的，不同时代、不同人群之间的善恶观也往往是不同的，甚至可能相反。由于历史和阶级的局限性，处于两千多年前的孟子无法了解这些思想。他提倡人性善，强调道德，目的是论证封建道德的权威性，突出它的重要地位，这正是封建地主阶级的利益在伦理道德领域里的反映。孟子继承和发展了孔子的德治思想，发展为仁政学说，成为其政治思想的核心。他把"亲亲""长长"的原则运用于政治，以缓和阶级矛盾，维护封建统治阶级的长远利益。孟子在道德伦理方面和政治紧密结合起来，强调道德修养是搞好政治的根本。他说："天下之本在国，国之本在家，家之本在身。"后来《孟子·大学》提出的"修齐治平"就是根据孟子的这种思想发展而来的。

　　孟子认为，人的善性产生和存在于人的心中。"君子所性，仁义礼智根于心。"（《孟子·尽心上》）过去往往把性和神秘的天命联系在一起，说成是"天命之谓性"。孟子把"心"这个范畴引入伦理学领域，以为它是人性和道德的"发源地"和"储藏所"，在一定程度上否定了"天命"对人性和道德的支配。这是孟子伦理思想的一个重大贡献。在孟子看来，人性和道德的产生并不神秘。他说："口之于味也，有同耆焉；耳之于声也，有同听焉；目之于色也，有同美焉。至于心独无所同然乎！心之所

孟
子
与
性
善
论

同然者何也？谓理也，义也。圣人先得我心之所同然耳。故理义之悦我心，犹刍豢之悦我口。"（《孟子·告子上》）"心之所同然"就是理义，就是道德，心为什么能够产生理义、产生道德？孟子认为这是"心之官则思"，而理义和道德这些东西是"思则得之，不思不得也"。（《孟子·告子上》）不仅如此，孟子还把"心"里所思的东西（亦即仁义礼智）也称为心，如恻隐之心、辞让之心、是非之心等等。孟子以为把心说成是思维器官是不科学的，但是他认识到道德观念和原则与人的心理活动有关，这一点无疑是极有价值的。他举过一个例子："盖上世尝有不葬其亲者，其亲死，则举而委之于壑。他日过之，狐狸食之，蝇纳姑嘬之，其颡有泚，睨而不视。夫泚也，非为人泚，中心达于面目。盖归反蘽梩而掩之，掩之诚是也。则孝子仁人之掩其亲，亦必有道矣。"（《孟子·滕文公上》）这就是说，孝子仁人合乎道德的活动，与天命无关，都是由"心"自然而然地产生的。我们知道，道德现象与一般的物理现象、生物现象不同，它虽有客观性的一面，但还有主观性的一面，它要通过人来实现，人们的认识、情绪、情感、意志等等都和道德紧密相连。因此，除去研究社会实践对道德的决定作用外，研究心理活动与道德的关系也是非常必要的，在这一点上，孟子又给了我们有益的启发。此外，孟子还看到感官与思维器官、感性与理性的不同，而且试图用这种哲学和自然科学上的成就去解释道德观念、道德原则的产生。他认识到耳目感官的局限性，指出道德观念、道德原则不能建立在它们的作用之上，而必须用思维器官、用"心"来认识和把握。他强调养心，主张充分发挥心的能动作用，认为道德的培养只能"困于心，衡于虑，而后得"。如果"不专心致志，则不得也"。强调主观能动性对道德的作用，这是孟子伦理学说中的又一个合理因素。

需要强调的是，把心当成性和道德的本源，这个理论有其致命的缺陷。其一，是把心和耳目感官绝对对立起来，在强调心的作用时，完全否定了感官的作用。孟子说："耳目之官不思，而蔽于物。物交物，则引之而已矣。"（《孟子·告子上》）他不知道、感官与思维器官、感性和理性不是绝对对立的，在一定条件下它们互相依存、相互转化。理性认识来源于感性认识，感性认识有待于上升到理性认识。而作为思维器官的"心"（其实是大脑），不过是个加工厂。孟子轻视感官和感觉，反映了他作为地主阶级知识分子的局限性和偏见。

其二，也是最主要的，孟子把心看成是先天固有的、自满自足的。认为人们的仁义礼智之心，"非由外铄我也，我固有之也"。完全否定了社会关系和社会实践对道德的决定性作用。事实上，没有一定的社会关系和社会实践就不会产生一定的道德观念和道德原则。这种"仁义礼智根于心"的观点完全是违背科学事实的主观唯心主义的道德观。

依照孟子的伦理观，人性是善的，性善根源于心，心是人先天俱来的，那么这种性善的具体内容是什么？换句话说，孟子以为评价道德的标准是什么呢？这个标准就是他自己提出的主要道德规范，即"仁义礼智"。"仁"是孔子伦理思想的核心，孟子也非常重视它。在孟子的思想中，"仁"已经没有克己复礼的含义，而是肯定了它的"爱人"的一面。他说："仁也者，人也。"（《孟子·尽心下》）强调了恻隐之心是仁的道德。他举例说，乍见小孩子的人会"有恻隐之心"，这种思想感情，"非所以内交于孺子之父母也，非所以要誉于乡党朋友也，非恶其声而然也"。（《孟子·公孙丑上》）是自足的、绝对的。但是他又很快地泄露了他的世俗目的："爱人者，人恒爱之；敬人者，人恒敬之。""杀人之父，人亦杀其父；杀人之兄，人亦杀其兄，然则非自杀之也？一闻耳。"（《孟子·尽心下》）可见，"仁"和"爱人"不过是为了保存和发展自己的阶级利益的更聪明的手段。真正的"仁"、"人类之爱"在阶级社会里是不可能实行的。"义"，孟子认为它是"人之正路也"，也就是道德的具体原则和规范。他认为最重要的就是尊重私有制度和宗法等级制度。所谓"非其有而取之，非义也"，"义之实，从兄是也"，"未有义而遗其君者也"。（《孟子·告子上》）孟子在批评陈仲子时说过，不贪利只是小义，"人莫大焉亡亲戚君臣上下"。认为最重要的义是维护"亲戚君臣上下"，即遵守封建社会的道德秩序和社会秩序。"礼"，也就是辞让之心，这是孟子提出的评价道德的第三条标准，它是对"仁义"的补充和修饰。用孟子的话说就是"节文斯二者"，目的是给封建道德披上一层温情脉脉、文质彬彬的外衣。"智"，即智慧，这个被古希腊誉为"四德"之首的道德规范，被孟子列为"四德"之末，又称为"是非之心"。在他眼里，智是消极地顺应社会和自然，而不是积极地利用和改造社会和自然。最根本的"智"是能够懂得封建道德，明白仁义。孟子有一段话明确指出他的"四德"的本质："仁之实，事亲是也；义之实，从兄是也；智之实，

知斯二者弗去是也；礼之实，节文斯二者是也；乐之实，乐斯二者，乐则生矣"。（《孟子·离娄上》）这就是说，以"仁""义"为核心的"四德"，实质上是事亲和从兄，即维护封建主义的宗法制度和等级制度，巩固封建主义的道德秩序和社会秩序。与"四德"配合的还有"五伦"，即君臣、父子、夫妇、长幼、朋友，孟子以为这是人的最基本的关系。认为仁主要是处理父子的原则，义主要是处理君臣的原则，礼是处理夫妇宾客的原则，这样，五伦又使四德得到进一步的具体化和确定。在五伦中，真正平等的关系只有朋友一伦。他主张结交朋友应该"不挟长、不挟贵、不挟兄弟朋友。友也者，友其德也"。（《孟子·万章下》）

值得一提的是，在对待君臣关系这一点上，孟子对封建宗法制度和等级制度作了最大的修正。孟子认为，君主的世袭制度不是不可改变的，"无与贤，则与贤；无与子，则与子"。（《孟子·万章上》）他主张君臣关系应该是一种相对的、互相尊重的关系："君之视臣如手足，则臣之视君如腹心。君心视臣如犬马，则臣视君如国人。君之视臣如土芥，则臣之视君如寇。"（《孟子·离娄下》）甚至臣可以杀掉昏君，像武王伐纣，汤伐桀那样，这都符合"义"的原则。这种见解在封建社会里可算是骇世惊俗。难能可贵的是孟子所提的"五伦"，看起来是五种血缘关系为核心而形成的人与人之间的自然关系，其实，都是社会关系；在阶级社会里，早已被打上阶级的烙印。孟子自然认识不到这些，只能从表面上去进行概括。这些道德规范都是由当时的社会经济关系所决定并为社会所公认的。它们对巩固当时的社会关系，促进社会发展有着一定的进步意义。

从性善论出发，孟子建立了自己的义利观。孟子是一位既承认物质利益又重视道义的思想家。他曾朦胧地感觉到社会道德对物质利益的依赖关系，因而赞成发展社会公利，如"制民之产""勿夺其时"，减轻赋税、发展生产等等。在个人利益上他也采取了相当现实和合乎情理的态度，例如对于"好货""好色""好乐"，他认为这都是人之所欲，不能算是什么缺点，只要推己及人，满足了大家的这种愿望的就是明君圣主。但由于他没有掌握物质利益的科学概念，而把"损公利私"之"利"与物质利益混淆了，因此，他经常将"义"与"利"对立起来，强调"义"而又否定了"义"，甚至说："鸡鸣而起，孳孳为善者，舜之徒也。鸡鸣而起，孳孳为利者，跖之徒也。欲知舜与跖之分，无他，利与善之间也。"（《孟子·尽心上》）这样一来，人的"义"似乎完全是由本性而生，与物质利益丝毫无关了，这就陷入了唯心主义。但是，孟子强调"义"的重要性，也有着合理的因素：第一，它肯定了人的精神生活和道德情操的重要性。人与动物的一个显著不同就是人有精神生活，精神生活依赖于人的物质生活，但是它又有相对的独立性。孟子说："饱乎仁义也，所以不愿人之膏粱之味也；令闻广誉施于身，所以不愿人之文秀也。"（《孟子·告子上》）在精神生活中，道德观念和道德情操又是其中主要的部分。第二，它重视人格尊严和道德价值。在孟子看来，判断一个人的人格高下和价值高低，不在于财富与地位，而是看其道德状况。他指出："仁者荣，不仁者辱。"这在把人格商品化了的社会中，无疑是有进步意义的。孟子认为，维护人格尊严比生命更重要，"一箪食，一豆羹，得之则生，弗得则死，呼尔而与之，行道之人弗受。蹴尔而与之，乞人不屑也"。（《孟子·告子下》）这正是他藐视权贵，主张人格平等的思想。第三，它鼓励人们坚持道义原则，为道德理想而奋斗。在财富和生死面前，首要的是坚持道义。"鱼，我所欲也，熊掌亦我所欲也，二者不可得兼，舍鱼而取熊掌者也。生亦我所欲也，义亦我所欲也，二者不可得兼，舍生而取义者也。"（《孟子·告子上》）这种精神，正是我们中华民族重视道义传统的最好表现。

孟子的义利观在我国历史上产生了重大影响。它的重"义"方面，对我国人民尊重道义、崇尚气节、克制自我、照顾大局等优秀品质的形成和发展起了推动作用，给中华民族的生存和发展以有益的影响。而其轻"利"方面，经过汉儒宋儒的夸大使之绝对化，把许多人，特别是知识分子引入脱离实际、退缩保守、不思进取、无所作为的境地，起了消极作用。这是应该一分为二地看待和评价的。从孟子的人性论中引申出一个光辉的命题——"圣人与我同类"。

孟子对"类"的概念的把握，虽没有达到墨家那样高的水平，但他对"人"这个"类"的归纳，的确反映了新的社会经济关系—封建主义经济关系的要求。同类必相似，这是孟子的类概念中的一个重要内容。他说："凡同类者，举相相似，何独至于人而疑之？圣人与我同类。"（《孟子·告子上》）圣凡之别在

于"圣人先得我心之所同然耳"，这正如名厨师易牙得味于天下之先，名乐师师旷得音律于天下之先一样，没有什么神秘。人们之间的差异，圣凡之间、善恶之间，不是由于先天的不同，而是由于后天环境的差异、个人努力的程度不一所造成。从"圣人与我同类"这一理论出发，孟子蔑视权贵，最重视人的气节，认为知识分子和有道德的人，不能卖身投靠权贵，而应努力做到"富贵不能淫，贫贱不能移，威武不能屈"。从这里出发，他还主张"人皆可以为尧舜"，鼓励人们不断地加强道德上的修养，努力达到一个更高的道德境界。马克思在批判费尔巴哈的人性论时指出："他只能把人的本质理解为'类'，理解为一种内在的、无声的，把许多人纯粹自然地联系起来的共同性。"孟子也是这样做的。但是在费尔巴哈身上是落后的，在孟子身上却是进步的、值得称赞的。这是因为时代有差别，它们所起的作用不同。费尔巴哈处于资本主义时代，无产阶级已经登上政治舞台。这时，把人的本质理解为一个"类"，就掩盖了人的阶级性，用虚幻的平等思想欺骗了人民群众，起到了保护反动的剥削制度的作用。而在奴隶制刚刚崩溃，地主阶级正在蓬勃发展的封建社会初期，把人的本质理解为一个"类"，尽管提供的仍然是抽象的、虚幻的平等，但对新兴地主阶级和广大下层人民却是一个鼓舞，它打击了奴隶主贵族那种"天有十日，人有十等"的等级观念，否定了"唯上智与下愚不移"的陈腐观点，它符合时代要求，促进了社会的发展。正如列宁所指出的一样："在反对旧专制制度的斗争中……平等思想是最革命的思想。"

毋庸讳言，性善论与马克思主义以前的一切人性论一样，是离开人的实际活动来考察人性，无不具有片面性和绝对化。性善论除了先天的道德观和将封建伦理抽象为永恒人性等形而上学、唯心主义谬误外，更值得注意的是，在它理性主义的人性论中潜伏着将封建伦理教条夸大、绝对化为至高无上的权威的倾向，从而在一定历史条件下，人类的道德规范会演变成为压迫和奴役人的绝对理性和外在权威，形成一种特殊的人的异化，这些都是孟子性善论的不足和消极因素。但是，就孟子性善论所包涵的内容和意义而言，也有强调人的本质和价值，重视理想人性和人的理性等积极因素。既是人的自我意识的觉醒和自我本质的探索，又是对人性的赞美和对人的热爱，是阶级性和人类性、欺骗性和理想性的矛盾统一。

八、继承儒学　发展文化

　　孟子以亲情论性善、以同然论性善、以不忍论性善，就是要人们相信自己有良心本心：他区分小体大体，人爵天爵，鱼和熊掌，就是要人们以仁为价值选择目的，努力向善，奋进不已。有了孟子的性善论，人类才不至于沦为禽兽，实现仁义道德才成为可能。

　　性善论开创的心学在社会上发挥了重要作用。所谓心学，所谓性善，其根基在于社会生活和理性思维在人内心结晶而成的"伦理心境"。由于社会生活和理性思维在内心有所结晶，所以受过教育的儿童特别是思维健全的成人内心已不是一张白纸，而是纸上有"字"；由于社会生活中本来就有向善求好的内容，所以人人都有良心本心。"伦理心境"是打开性善迷宫的钥匙。因为"伦理心境"是"先在的"，一个人只要遇事时能够求得并听从"伦理心境"的要求，一般并不需要临时考证典籍，便可完成善行、成就道德，这就决定了心学在方法上的最大特点是简约易行。人人都有良心本心，这是自家求善去恶的资本，不仅通达诗书的文化人可以做到，就是乡间僻壤的劳动者亦能为之。这正是心学简约易行特点的生动体现。简约易行并不是随随便便、悠闲舒适。作为社会习俗和理性思维内化而成的"伦理心境"，是一种通体为善的结晶物。欲性仁性不相违背还好，一旦发生矛盾，本心本体就会发布命令，要求舍弃本性的欲望，听从本心的安排，由于本心本体有丰富的情感因子，所以它发布命令鞭辟有力。如果只图利欲，不听本心的指挥，虽然可以在利欲方面得到满足，却会引起内心的不安。如果不为利欲所累，反身而诚，虽然在利欲上可能会受到些损失，却会带来内心的愉悦，使自己成为高尚的人、有道德的人。

　　由于性善论开创的心学有这些特点，所以性善论对中华民族文化心理的形成，发挥了重要作用。经过性善论的阐发，人人都知道自己有良心，否则便是禽兽，遇事良心发现，标准清楚明白。这个标准，这个命令，随着时代的发展，具体内容可能会有所不同，但核心却一样，只是一个"善"，只是一个"上"。

一旦依此而行，不打折扣，自然好善厌恶，积极向上。两千多年前的孟子就体悟并牢牢把握住了自己的良心本心，以此创立性善论，这般大智慧、大气度、大风范，直至今天仍然令人拍案叫绝、惊叹不已。

性善论对中国文化产生的负面影响，简单说来，就是形成了容易保守的社会心理。如上所说，孟子创立性善论，主要是以良心本心论善性，而良心本心从来源上讲，是社会习俗和理性思维内化的结晶物，也就是上文所说的"伦理心境"。我们说性善容易保守，主要指"伦理心境"或者良心本心容易保守。"伦理心境"容易保守来自两个方面：一是社会习俗容易保守。社会习俗是在社会发展过程中逐渐形成的，社会习俗的发展与社会本身的发展，总的来说是一致的。不过社会习俗一旦形成，就具有一定的稳定性，表现为某种惰性力量，其发展变化一般要落后于社会经济、政治制度的发展变化。"伦理心境"的主要来源之一，就是社会习俗，即使"伦理心境"和社会习俗的发展是同步的，由于社会习俗本身的这个特点，"伦理心境"一般也跟不上社会本身发展的步伐。二是"伦理心境"本身容易保守。上面讲"即使'伦理心境'和社会习俗的发展是同步的"，只是一种假设。因为"伦理心境"是心理的境况境界，一经形成，也具有一定的稳定性，表现为某种惰性力量，其变化发展一般又要落后于社会习俗的变化发展。这就是说，"伦理心境"不仅要落后于社会本身的变化，而且要落后于社会习俗的变化。总之，一个是社会习俗容易趋于保守，一个是心理境况境界容易趋于保守，两方面结合起来铸成这样一个不幸的事实："伦理心境"从它产生的第一天起，本身就包含了容易趋于保守的种子。"伦理心境"是历史的产物，历史的过程。当它和社会发展基本一致时，其社会作用是进步的，作为道德根据也是可行的。但是"伦理心境"很容易落在社会发展后面，这时再一味以它作为道德的根据，就行不通了，容易陷于保守。这种趋于保守的特点在孔子那里已经有所表现了。孔子对宰我"三年之丧"发问的批

评是众所周知的，其本义是批评宰我不仁，但如果换一个角度，也可以看出孔子在这件事情上的保守性。宰我嫌行丧三年太长了，建议改为一年。孔子没有同意，提了两条理由：第一，"三年之丧，天下之通丧"；第二，"子生三年，然后免于父母之怀"。（《论语》）头

一条是讲传统上都是这样做的，社会习俗如此，所以我们应该如此。后一条是说心理情感如此，所以我们应该如此。如果社会习俗跟得上社会的发展，遵从社会习俗，服从心理情感是没有什么不对。但如果社会习俗已经大大落后，再坚持这样做就不对了。从这一章本身来看，宰我就三年之丧提问，说明当时实行三年之丧已有困难，而他提出的理由之一"君子三年不为礼，礼必坏；三年不为乐，乐必崩"并非毫无道理。孔子并不是具体分析

三年之丧是否合理，实际可行性如何，而是凭着上述两条理由一味坚持，并责备宰我不仁，这里的保守色彩已经很浓厚了。在这方面，孟子也不例外。滕定公死了，太子让然友请教孟子如何料理丧事，孟子主张行三年之丧，理由是"三年之丧，齐疏之服，飦粥之食，自天子达于庶人，三代共之"。（《孟子》）三年之丧，孔子之时实行已很困难，到孟子时当然就更为困难。滕国父老官吏以"吾宗国鲁先君莫之行，吾先君亦莫之行也，至于子之身而反之，不可"（《孟子》）为由，加以反对。孟子仍坚持己见，大讲了一番"君子之德，风也；小人之德，草也。草尚之风，必偃"的道理。最后，太子按孟子的意见办理，"五月居庐，未有命戒。百官族人，可谓曰知。及至葬，四方来观之，颜色之戚，哭泣之丧，吊者大悦"。（《孟子》）事情的结果按《孟子》的记载，当然是很风光的，不过实际情况恐怕要打上几分折扣。当然这些都不得而知，但从中也可以看出隐藏在孟子思想深处保守的一面。性善论"伦理心境"容易趋于保守的特点对后世有严重影响。唐代之前，儒家思想还没有真正占据主导地位。秦朝重视法家，汉初崇尚黄老，武帝独尊儒术，而实际是儒法并用，魏晋玄风尤彰，真正开始重视儒学当从唐代开始。但思想的影响往往需要一个过程，虽然唐代极力倡导周礼之教，但总的来说，唐之前（包括唐）还比较开放革新、大度豪爽。但从宋代到清代，儒家真正占领了主导地位，原先即隐含的负面因素，逐渐凸显出来。由于缺乏独立的人格和智性的参与，一切以"伦理心境"、以良心本心为标准，结果必然表现为强烈的保守性。这种保守性实际上遵从两个东西，一是"陈规"，一是"唾沫"。"陈规"就是一切以先前的规章制度和传统做法为依据，凡合于陈规的，就是正确的；凡不合于陈规的，就是错误的。除此之外，不敢有任何革新，不敢越雷池半步，否则就是大逆不道。"唾沫"

就是一切以周围舆论为是非标准。办一件事不是先考虑它本身正不正确，应不应该，而是先想到周围人会怎么说。邻人多保守，自己也不敢出头。两千多年来，中国没有独立完整的人格，个人只能在群体中存在，这个群体之网实在太紧密了，大众的唾沫实在是太可怕了。鲁迅回忆卢梭、斯缔纳尔、尼采、托尔斯泰等"轨道破坏者"时深有感慨地写道："其实他们不单是破坏，而且是扫除，是大呼猛进，将碍脚的旧轨道不论整条或碎片，一扫而空，……中国很少有这一类人，即使有之，也会被大众的唾沫淹死。"陈规产生唾沫，唾沫维护陈规，两者联合起来，就可能将新事物扼杀在摇篮之中。

这些都说明，"伦理心境"，良心本心有容易陷于保守性的缺点。心学家往往不懂这个道理，认为良心本心就是天理，天理就不能变更，一切以良心本心为依据，结果只能走向事物的反面。近代以来，人们批评儒学，其中有两条是切中要害的。一条是"以理杀人"。理不光是外在的，也是内在的。当内心的理大大落后于社会发展时，仍然以它为是非的标准，就可能产生以理杀人的恶果。寡妇再嫁、为妇无子，仅仅以内心之理来评判，不知能使多少人丧失身家性命。再一条是"保守落后"。社会不断向前发展，应当以思想革新作先导，但是心中之"理"太沉重了，就会宁可求稳，不肯冒险；宁可守旧，不肯变革。前些年不少人研究中国社会形态的超稳定结构，找了地理环境、社会心态等多方面的原因，但还缺乏对社会心态作深入的分析。事实上，"伦理心境"、良心本心的滞后性，才是社会心态保守的真正根源。

要克服伦理心境的保守，必须有智性的参与。智性是一种认知活动，表现为对外部事物（包括道德事物）规律、真理的认识，其思维特点是逻辑推理、概念判断，而主要不是直觉。这种智性在孔子的学诗、学礼中已见端倪，并在荀子思想体系中得到充分发展，表现为一个完整的认知体系。认知之心并不绝

对排斥良知之心（良心本心），结合得好，可以各司其职，分工有序。当社会生活平稳发展，伦理心境与其没有大的冲突的时候，良心本心出场，只要听它的话，就是善，就是好；如果社会有了很大发展，伦理心境已大大落后于社会本身，再一味听从良心本心的指挥，必然陷于保守。这时需要认知之心挂帅，凡事不盲从，不迷信，问个为什么，运用逻辑分析、概念推理等从而得出

一个正确结论。认知之心得出的这个结论，可能与良心本心正相符合，这样就为良心本心找到了理论根据，增强了良心本心的理论色彩；也可能与良心本心不相符合，但它代表革新，代表新生，代表前进的方向，从历史角度看，只有按这个结论做，才是正确的，有意义的。

但同样不幸的是，儒家认知之心始终没有发展。虽然孔子立论平实全面，既讲仁性，又讲智性，但智性那一层在孔子那里却是一个弱项。孔子的智性只是外向性的学诗学礼，也就是说，要成为道德之人，圣贤之人，必须懂得诗懂得礼。但孔子的诗礼之学范围比较狭窄，内容比较陈旧，层面比较低，而且他主张学习的周礼已经跟不上当时社会发展的需要。在孔子那里，知性还没有成为一种完整的思维形式，特别是周礼的陈腐性质，更加决定了孔子的知性不可能补救仁性的不足。另外，孟子虽然创造性地发展了孔子的仁学，但也不自觉舍弃了知性的一面。由于孟子力量强盛、气势宏伟、巨峰突起，使思想发展史的长河终于偏向了心学。宋明之后，大多数儒家学者将孔孟并称，以为孟子之学就是孔子之学，学习孟子就是学习孔子。这样愈积愈久，愈久愈积，形成了巨大的历史惯性。朱子虽然奋起反抗，有可能弥补儒学知性的不足，并建立起了完整的智性系统，但由于种种原因，知性的认识之心始终没能充分发展起来，这是儒家心性之学发展史的最大遗憾之处。

中国古代哲学思想

中国禅学

禅学对佛学教义的把握并非义学式的，而是具有藉教悟宗的特点，参禅者开悟时称其感受为"如人饮水，冷暖自知"。这成为禅师悟感的典型表述。在禅学看来，所谓看山不是山、看水不是水的感受，只是禅悟的某个阶段的境界，其最高境界仍要求视山为山、视水为水。中国禅学的文化精神，早已融入了传统文化思想之中，并对中国人的思想、情感和生活产生了深刻的影响。

一、禅、禅定及禅宗

（一）禅的含义和由来

禅，也称禅那，是梵语 Dhyana 的音译。鸠摩罗什将其译为"思维修"，即对思维活动的修持；玄奘译为静虑，系念寂静而正审思虑的意思。

为什么要进行"思维修"呢？为什么要进行"静虑"呢？《俱舍论》中说："依何义故立静虑名？由此寂静能审虑故。审虑即实了知义。"

"禅"一般与"定"并称。定是由梵语 Samadhi 即"三昧""三摩地"译来的，也称"等念"。《大智度论》中说："善心一处不动，是名三昧。"

唐朝著名的禅学家宗密说："禅是天竺之语，具云禅那，中华翻为思维修，亦名静虑，皆定慧之通称也。源者，是一切众生本觉真性，亦名佛性，亦名心地。悟之名慧，修之名定，定慧通称为禅那。此性是禅之本源，故云禅源，亦名禅那。……今时，有但目真性为禅者，是不达理行之旨，又不辨华竺之音也。然亦非离真性别有禅体。但众生迷真合尘，即名散乱；背尘合真，方名禅定。"

宗密提出"定慧通称为禅那"，定是指禅定，慧即指由禅定引发的"性上无漏智慧，一切妙用，万德万行，乃至神通光明"。

对此，隋朝天台宗智凯更进一步阐明说："……当知此之二法，如车之双轮、鸟之两翼……故经云：'若偏修禅定福德，不学智慧，名之曰愚；偏学智慧，不修禅定福德，名之曰狂。狂愚之过虽小不同，邪见轮转盖无差别。若不均等，此则行乖圆备，何能疾登极果？'"

智凯认为，只有定慧一体，才能称之为禅，否则就会有所偏颇，坠于邪见，非愚即狂。

"禅"最早出现于印度最古老的典籍《吠陀经典》中。《吠陀经典》是雅利安民族所崇奉的圣典，是公元前 1300 年前的古文献，所载多为赞颂神明的歌曲，包括祭祀咒语、祈福消

（竖排）中国古代哲学思想

灾等内容。

雅利安民族南下印度河，留居在今称之为"旁遮普"的地方，成为印度远祖，并孕育出了印度文化，这些印度河流域土生土长的先民基于圣典而创立的圣书，有《梵书》《森林书》《奥义书》等。《奥义书》，约为公元前六七世纪的产物。全集有九卷，共计六种。其中就特别注重对宇宙本源与人的本性，从哲理上加以探讨和实践上加以总结，标举"梵我合一""静虑禅定""轮回解脱"等等。它那丰富的思想内容和庞大的理论体系，在当时印度上层社会引起很大反响，并被学术界视为印度哲学史的真正开端，各种学派秉承《奥义书》的旨意而自成一格。

当时，出现最有代表性的"声论""吠陀论""因明论""胜论""数论"及"瑜伽论"六大学派，其中以"瑜伽"的"相应"一说，最合乎并总括初期"禅那"，即由"静虑"而达到人神冥契的境界。

据洪修平先生的《中国禅学思想史》中所述，考古学者曾在印度河流域出土的文物中发现一颗刻有跏趺而坐、作沉思冥想状的神像的印章，还发现一些呈瑜伽坐法的刻印，这些被认为是公元前 3000 年至公元前 2000 年间的文物表明了瑜伽实践的古老性。

胡适先生认为，"禅"起源于古印度的瑜伽功，瑜伽的作用在于"管束我们的心，训练我们的心，使心完全向某一方面走，而能于身体上、精神上和知识上发生好的结果"。

瑜伽为梵文 Yoga 的音译，意思是"结合""相应"。在印度，婆罗门教在《白骡奥义书》和《慈氏奥义书》中，瑜伽派在其经典《瑜伽经》中，系统地提出了瑜伽修持的方法，明确提出了禅和定的修习，《瑜伽经》中关于修习瑜伽的八个阶段有"禁制、劝制、坐法、调息、制感、执持、禅那、三昧"。可见"禅那""三昧"的修持，在瑜伽派整个修行阶段的重要性。

婆罗门教为其信徒规定了人生必经的四阶段：其一，为少小离家，谒师习经；其二，为长而回家，娶亲理家；其三，为壮年入林，潜心修道；其四，为

中国禅学

清静度日，乞食为生。在这四期生活中，第三期隐居森林，诵读《森林书》和《奥义书》，然后凝神息虑、沉思冥想、静入禅定、逐渐成道，此为人生重要时期。

通过凝神息虑、禅定入道的过程，修行者加深了对圣典奥义的理解，因而成为风靡于世的法门。公元前6世纪释迦牟尼创立了佛教，被奉为古老传统的原始禅观，非但未被抛弃，反经多方采纳，沿用至今。

（二）印度佛教的禅学

释迦牟尼出家之后，曾跟从阿罗陀·伽蓝修习梵行，坐禅入"无所有处定"，还修习过"非想非非想处定"。然而他认为，这些法门终未脱离世间，而至"真解脱门"。

结束了六年的苦行修禅生活后，释迦牟尼独自来到尼连禅河（今利拉詹河）的溪流中沐浴净身，接受牧女的乳糜之供；康复后再到今为菩提伽耶的地方，于一棵毕钵罗（即菩提树）树下结跏趺坐，静心正念，发大誓愿："我今若不证无上大菩提，宁可碎是身，终不起此座！"

经过冥思默照达四十九天，他终于证得无上菩提，彻悟了宇宙人生的真谛，实乃"缘起性空""性空缘起"顺逆四字。由此明白"诸行无常，诸法无我，涅槃寂静"这三法印的道理。天色将晓，世尊抬头望见启明星，心星朗照，霍然悟明，得无上正等正觉。

释迦牟尼佛即是通过禅定在菩提树下静坐悟道成佛。

宗密在《禅源诸诠集都序》中说："禅定一行最为神妙，能发起性上无漏智慧。一切妙用，万德万行，乃至神通光明，皆从定发。故三乘人欲求圣道，必须修禅。离此无门，离此无路。"

但是释迦牟尼所创的佛教禅法，其内容之丰富，体系之严整，绝非同一时期之"外道禅法"（佛教以外的禅法）所可比拟。如《杂阿含》中记述世尊所传"四念处""不净观""数息观""十六特胜"

"十遍处""念佛观""四禅八定""四无量心""六通三明""空无相无作三昧"等。

关于禅的种类，佛教的禅主要有小乘禅和大乘禅两大类。

小乘禅即小乘佛教的禅。小乘以"戒定慧""三学"来概括全部佛法。修习的主要内容有四禅、四无量、四空定、八解脱、八胜处、十遍处等，最基本的为四禅、八定、九次第定。小乘佛教认为，依次修习"九定"中的前八定所产生的境界，仍然摆脱不了世俗世界的生死流转，只有"灭受想定"（亦称灭尽定，与前八定合称为"九次第定"）才是禅定的极致，能超出三界，而达到究竟涅槃。

而大乘佛教以布施、持戒、忍辱、精进、禅定、般若"六度"来概括其修习的主要内容。大乘佛教的禅是在小乘禅的基础上发展起来的，但范围比小乘佛教更大了。

在大小乘佛教的理论和修行实践中，"禅定"都占有重要的地位。

与"外道禅"不同的是，佛教不再把禅定作为修习的终极目的，而是把禅定视为获取无上智慧的手段。

（三）中土早期流传的禅学思想

东汉末年，安息国太子安世高，在桓帝建和二年（148年）来到洛阳，翻译了《阴持入经》《佛说大安般守意经》《禅行法想经》《道地经》等三十多部佛教小乘经典；月氏国人支娄迦谶（简称支谶）在汉桓帝末年来到洛阳，译出了包括《首楞严三昧经》《般舟三昧经》等禅经在内的佛经十四部二十七卷，第一次将大乘禅法传到了汉地。安世高和支娄迦谶成为汉译佛典的创始者。在他们的影响下，中国当时的佛教义学分为"禅数学"和"般若学"两支。

"禅数学"是将禅定实践与研习佛教教理结合为一的修习法门。"数"的本义是"法数"，是指用数字概括教义的方法，如四谛、五阴、十二因缘之类。

"般若学"是大乘佛教理论的基础，认为世界万法缘起性空，是由缘而生的假有，没有固定不变的自性，修行者只有把握"性空"之理，才能证悟佛智。"般若"系梵语音译，意思是一种特殊的智慧。

禅作为佛教的修行方式，有佛教就有禅定，即有禅学。在南朝慧皎所作《高僧传》的《习禅篇》部分中，对禅宗以外的其他宗派，如天台宗、华严宗、三论宗等，都有当时著名的习禅者为其立传。在达摩到达中国之前，中国禅学呈现出了多元化的形态，形成了以鸠摩罗什、道安、佛驮跋陀罗为代表的几个主要的派别。

鸠摩罗什（343—413年），简称罗什。他的父亲从天竺移居龟兹（今新疆库车一带），被龟兹国王请为国师，并把妹妹嫁给他，生下了罗什。罗什7岁出家，385年入姑藏（凉州治所，今甘肃武威），在那里，罗什居住了十六年，熟悉了汉地文化。后秦姚兴弘始三年（401年），秦王姚兴派使者将罗什迎至长安，尊为国师。当时跟随罗什学习佛法的有三千多人，一些著名的被称为"什门八俊""什门四圣""什门十哲"。

现存罗什主持翻译的佛经和著述有七十四部三百八十四卷，其中有《大品般若经》《大智度论》《中论》《百论》《十二门论》《成实论》《无量寿经》《首楞严经》《金刚经》《法华经》《维摩诘经》《禅法要解》《坐禅三昧经》《禅秘要法经》《思惟要略法》等，对中国禅学起了决定性的作用。

罗什说："佛弟子中有两种人：一者多好一心求禅定，是人有漏道；二者多除爱着，好实智慧，是人直趣涅槃，入暖法中。"他认为："当学求诸法实相，不有常不无常，非净非不净。"沉溺于禅定，执著于常，或执著于无常，执著于净，或执著于不净，都是执著，都不能达到涅槃的境界。

另外，罗什在所译的《禅法要解》中提出的"四依凭禅法"，也是后来中国

禅宗所立"教外别传，不立文字，直指人心，见性成佛"宗旨的重要根据。"四依"即依深义不依于语；依了义经不依不了义经；依智不依识；依法不依人。四依强调了对义理领悟和开启智慧的重要，突出了修行者的主体精神和自觉精神。

属于鸠摩罗什一系的还有僧睿、

中国古代哲学思想

僧肇等。

罗什对僧肇非常赏识，谦称自己的见解跟僧肇不相上下，但在文辞方面，还是要向僧肇学习。他称僧肇为"秦人解空第一人"。僧肇的思想体系，是围绕着般若"空"的观念建立起来的。他认为，承认现象的存在，与认为世界的本质是"空"的，并不矛盾。他举例说："譬如幻化人，非无幻化人，幻化人非真人也。"意思是说，因为幻觉而生成了人像，不能说没有，只能说他是幻化的，是不真实的。他认为，正确的说法是，物是"非有"和"非无"的统一。

在《物不迁论》中，僧肇认为，世界看起来是运动的，而实际是静止的，时间似乎在消逝，实质上却是停留的。他认为，动是假象，而静才是本质，事物只是各自停留在一定的阶段，没有发展、延续和变动。在《宝藏论》中，僧肇举例说，"故经云：随其心净，则佛土净"。心净则佛土净，是后来禅宗的基本思想。

在论证心、身、境"三界"的关系时，僧肇认为，因为以"执心"为本的"妄心变化"，而迷失"真一"，由此而现出了"虚妄不实"的"三界"。

他举例说："譬如有人于金器藏中，常观于金体，不睹众相；虽睹众相，亦是一金。既不为相所惑，即离分别，常观金体。无有虚谬。""……虽有种种名字，终同一义，或名法性、法身、真如、实际、虚空、佛性、涅槃、法界，乃至本际、如来藏，而有无量名字，皆是真一异名，同生一义。"

僧肇的佛学思想体系非常完整，在中国禅学史上具有里程碑的意义。僧肇已把"法性""法身""佛性""真如""如来藏"等后来禅宗六祖慧能禅学涉及到的根本问题都提出来了。罗什一系禅法是后来慧能的"即心是佛"的理论基础。

道安（314—385 年），俗姓卫，常山扶柳（今河北冀县）人。他早年父母双亡，12 岁出家。活跃于东晋、前秦时期，他游学授徒，宣讲佛法，受到前秦王符坚和官僚及文人的推崇礼遇，门下有僧众数千人，在长安主要主持佛典的翻译。在当时的佛教界被尊为泰山北斗，佛教史上称道安为"僧雄"。道安融会汉代传入的大乘般若学与小乘禅学，成为两系思想的集大成者。他以禅观悟入

中国禅学

般若，再以般若学具体运用于禅定的修行，认为禅修必须与般若智慧相结合。

道安提出了僧尼应以"释"为姓，出家人皆改称释氏。他说"大师之本，莫尊释迦"，他的主张与被后秦昙摩难提译介的《增一阿含经》的经文"四姓为沙门，皆称释种"相符。从此，汉地僧尼以释为姓成为定式。另外，道安还制定了僧尼修行的轨范，当时"天下寺舍，遂则而从之"。

道安认为，只有认识了"无""空"的"本无"的实质，才能不执著于"有"或"未有"观念；只有真正体悟了"宅心本无"，才能达到心的本然状态与真如实相的契合。

"本无"的观念，与禅宗六祖慧能的"本来无一物"如出一辙。道安的思想，与后来禅宗思想的形成有很大的关系。

道安一系的还有其弟子慧远。慧远（334—416年），本姓贾，雁门楼烦（今山西宁武附近）人。慧远跟随道安二十五年后，辞别道安，于东晋太元六年（381年）入庐山，长期住东林寺，创办白莲社，聚徒修禅和讲译佛典。据说慧远三十年未曾下过庐山，每次送客，以虎溪为界。慧远是东晋后期继道安之后的佛教领袖，也是当时禅法的集大成者。慧远传承了道安的般若"本无说"，提出了"反本求宗""统本运末"的思想，并构造了以"法性论"为核心的本体论，他认为"法性"与"本无"同实而异名，体悟了不变的法性，就证悟了涅槃解脱。

慧远在禅法方面，提倡"大乘念佛禅"。由于慧远倡导念佛，又与刘遗民等人在阿弥陀佛的像前发愿往生西方净土，因此，他被净土宗尊为初祖。

另外，经过慧远的介绍和提倡，佛驮跋陀罗一系的禅法，在江南得以流行。

佛驮跋陀罗（359—429年）是古印度迦毗罗卫国人，比鸠摩罗什稍晚一点来到中国。他于东晋义熙四年（408年）到达长安。后来受到鸠摩罗什门下的

排挤，不得不离开长安。他带领弟子南下来到庐山，受到了慧远的欢迎。应慧远之请，他译出了《修行方便禅经》（又名《不净观经》或《达摩多罗禅经》）。后来，佛驮跋陀罗与弟子慧观、宝

云在江南大弘禅法，所住道场被称为"禅师窟"。

由于佛驮跋陀罗本人精通禅法，自他以后，习禅之风盛行于中国大江南北。

佛驮跋陀罗所传的《修行方便禅经》（又名《达摩多罗禅经》），以小乘观法为主，《修行方便禅经》全书论述了五停心观、四无量观、阴观（五蕴观）、入观，其中侧重于数息观和不净观，被称为"二甘露门"。

《修行方便禅经》把修行的过程分为"退""住""升进""决定"四个阶段，主张智慧与禅定并重，智慧与禅定结合，在禅定的基础上修习智慧观照，使智慧观照融入禅定修行之中，并循序渐进地深化与提高。

慧远在《庐山出修行方便禅经统序》中盛赞佛驮跋陀罗传译的禅经贯通大小乘禅法的思想，"搜集经要，劝发大乘"。不论在当时还是对后来，佛驮跋陀罗禅学的影响都很大。

僧稠（480—560 年），俗姓孙，北齐人。他从师于佛驮跋陀罗的弟子学习禅法，又得到了佛驮跋陀罗的认可和指点，曾撰写《止观法》二卷。

关于僧稠的禅法，近代高僧太虚将其归入"五门禅"，就是罗什译的《坐禅三昧经》中的用修"不净观""慈悲观""因缘观""数息观""无我观"等"五观"来对治贪、瞋、痴"三毒"。他的禅法观想和对治的对象明确，修习的层次清晰，颇受一般禅僧和民众修习者的欢迎，以至于在当时形成了"高齐河北，独行僧稠"的局面。

佛驮跋陀罗禅学体系中，除僧稠外，影响较大的还有慧文、慧思、智顗。

智顗是天台宗真正的创立者，因其住于天台山，故称天台宗。天台宗以《法华经》为宗旨，故而也称为法华宗。天台宗是中国佛教史上第一个大宗派。

智顗（538—597 年），本姓陈，字德安，祖籍颍川（郡治在今河南许昌），后迁居荆州华容（今湖北监利西北）。他 18 岁出家，先学律学，后来师从慧思，在天台山国清寺讲《法华经》十余年，被称为天台智者大师。

智顗有近百卷的著述，其中《法华玄义》《法华文句》《摩诃止观》，被称为天台三大部。此外还有《童蒙止观》（即《修习止观坐禅法要》《小止观》）、《六妙法门》《四念处》《四教义》《观心论》《观音玄义》《金光明经玄义》

《维摩诘经三观玄义》《法华三昧忏仪》等。智颢把各种禅法纳入其"止观"禅法之中，建立起天台宗独特的禅学体系。智颢的禅学主要包括"玄义"（即天台宗的教相）、"文句"（解释《法华经》等）、"止观"（行一心三观）三个方面。

智颢明确提出"三界无别法，唯是一心作"。这里所说的"一心"，即是指"真如""佛性"。他在《法华玄义》中说："其一法（心）者，所谓实相：实相之相，无相不相。又此实相，诸佛得法，故称妙有。实相非二边之有，故名毕竟空；空理湛然，非一非异，故名如如；实相寂灭，故名涅槃；觉了不改，故名尘空；佛性多所含受，故名如来藏。不依于有，亦不附无，故名中道；最上无过，故名第一义谛。""若谓即空、即假、即中者，虽三而一，虽一而三，不相妨碍。……譬如明镜，明喻即空，像喻即假，镜喻即中，不合不散，合散宛然。"

智颢言简意赅地指出"三谛"是同一对象的不同侧面，如"明镜"的明、像、镜，它们并不对立。智颢认为，运用"止观"的禅法，可以实现"一心三观"，领悟"最上无过"的"第一义谛"。

（四）　"宗门"与"教下"——"禅宗"的定义

魏晋南北朝至隋唐，是中国佛教走向独立发展和鼎盛的重要阶段，由于寺院经济的发展与不同学派判释佛说经教的"判教"导致"教派"性质的形成，政治上的统一，也为创立宗派提供了社会条件，这些都促进了中国佛教宗派的创立。魏晋以来，禅智兼弘、定慧双修的风气，终于成为中国禅学的主流，酝酿并形成了"天台宗""三论宗""法相唯识宗""华严宗""净土宗""律宗""密宗"等佛教各宗派。

而以"禅"直接冠名的宗派，只有"禅宗"。

释迦牟尼以言语传授，四十九年说法，后来由弟子和再传弟子记录下来并加入论述，称为"经、律、论"三藏。

禅宗教徒把据经论建立起的佛教宗

中国古代哲学思想

派叫做"教"，而自称"教外别传"，是"宗"，称"经是佛语，禅是佛意"。

黄忏华先生在《佛学概论》中这样定义："禅家者流，谓《楞伽经》有佛语心为宗、无门为法门等语。依此自称宗门，又称宗下；称他家为教门，又称教下。言教者，谓如来所说经教，即不问大乘小乘，不论是显教密教，依经化等之文义者，为教；禅者，谓教外别传之宗旨，即直指人心、见性成佛、教外别传、不立文字，为禅。"

这里所说的"教外别传""直指人心""不立文字"，来自佛教经典中关于中国达摩一系的"禅宗"在印度初创时的故事。

中国禅学

（五）"拈花微笑"——禅宗在印度的初传

世尊在入灭前（前486年），有一天，在灵山万众法会上，大梵天王奉献"千叶妙法莲金光明大婆罗花"，请示无上大法，释迦遂拈花示众，时众僧都不明白世尊之意，都默然无语，只有摩诃迦叶破颜微笑，深喻其义，故得传正法眼藏的故事。

这则故事，原载于《大梵天王问佛决疑经》，一直未入大藏经，也未被其他佛经收录。据说，唐末来华的日本留学僧圆仁慈觉法师，见此经后即抄回日本，秘藏于某寺内达三百年之久，后来留存的残页被收归日本《断续藏经》的"补遗"编中。

世尊付法摩诃迦叶的记载，最早见于《大般涅槃经》。从禅史资料来看，在五代南唐中主保大十年（952年），由泉州招庆寺静、筠二禅僧所编现存最古的《祖堂集》中，有引自《涅槃经》载付法一事："尔时，世尊欲涅槃时，迦叶不在众会。佛告诸大弟子：'迦叶来时，可令宣扬正法眼藏。''吾有清静法眼，涅槃妙心，实相无相，微妙正法，付属于汝，汝善护持。'并敕阿难嗣二传化，无令断绝。而说偈曰：'法本法无法，无法法亦法。今付无法时，法法何曾法。'"

过了约五十年，《景德传灯录》问世，稍后又有《天圣广灯录》《建中靖国续灯录》《联灯会要》《嘉泰普灯录》相继出现，到了南宋，经过释普济的整理，将前"五灯"汇为一编，删繁就简，厘定成二十卷本的《五灯会元》，流行迄今。《五灯会元》中载："世尊在灵山会上，拈花示众。是时众皆默然，唯迦叶尊者破颜微笑。世尊曰：'吾有正法眼藏，涅槃妙心，实相无相，微妙法门，不立文字，教外别传，付嘱摩诃迦叶。'"

这段"拈花微笑"的典故，便由此广为人知。

"正法眼藏"，又称清净法眼、大法眼藏。眼即智慧之义。正法眼藏，如果体会了"正法"的内容，则如同拥有了可以照破一切迷暗的智慧之眼。

"涅槃妙心"，指佛所证得的甚深微妙的智慧境界。

佛把这个有关"实相无相"，又非言语文字所能表达的微妙法门，传授给对"拈花"的旨意心领神会的摩诃迦叶。

"教外别传"，是指"不立文字"、重在"心印"。证悟了"涅槃妙心"，即便是极尽天下的语言文字，也无法表达其万一。未证无上菩提之人，与觉者之间，不可能直接感通，心心相印。

总之，"拈花宗旨"也就是旨在这一"心印之法"。

摩诃迦叶按照世尊的付嘱，把正法眼藏和衣钵以直指单传的形式，再传给

阿难尊者。迦叶就被后世尊为禅宗在西天（印度）的第一代祖师。阿难传法给商那和修尊者，一直传到第二十七代般若多罗尊者，将正法眼藏和衣钵传付于菩提达摩大师，为西天第二十八代祖师。般若多罗尊者曾付嘱达摩大师说："我灭度六十年以后，你把此正法眼藏和衣钵传到中国，普利众生。"

这便是中国禅宗的缘起。

二、中国禅学的传承体系

（一）达摩祖师西来意

菩提达摩大师是印度南天竺国人，刹帝利种姓族。到了梁武帝普通元年（520 年），达摩大师秉承了般若多罗的遗训，寄身商船，三年后，首先到达中国南海。

达摩的禅学，处于印度禅和中国禅之间的过渡阶段，在中国禅学史上具有继往开来的作用。

梁武帝得知印度来了一位得道高僧达摩，心里非常敬仰。于是派人到南海，于梁普通八年（527 年）十月一日，将达摩专程迎接到金陵（今南京）弘扬佛法。

梁武帝非常信仰佛法，而且大弘法化、发菩提心、兴隆三宝、造庙度僧、布施结缘。每隔五里地方，就造一座寺，每隔十里地方，就造一所庵，度很多善男信女去出家做和尚、当尼姑。梁武帝一见到达摩大师，就请求开示法要。

梁武帝问："朕一生所有造寺、度僧、写经、弘扬佛法，到底有没有功德？"达摩回答说："没有功德。这些只是人天之果，是有漏之因，如影随形，看来虽有，实际没有。"梁武帝又问："如何是真实功德呢？"达摩回答说："清净智慧是微妙圆融，本体空寂，无法可得，这样的功德，绝对不是世间上有为之法所能求到的。"梁武帝又以"如何是圣人所求的第一义谛"发问，达摩祖师以"廓然无圣"相答。梁武帝又问："对朕者谁？"达摩说："我不认识。"

达摩与梁武帝二人，一问一答，话不投机，梁武帝还不能领悟达摩大师的根本法要。达摩禅师认为这是机缘不合，于是就离开金陵，渡江北上，于北魏时，到了洛阳。他在嵩山少林寺面壁九年，当时的人称他为"壁观婆罗门"。魏孝明帝曾三次诏之，达摩亦不出少林寺。达摩圆寂后，孝明帝亲撰碑文，刻石立于嵩山。

中国禅学

达摩所传禅法认为，入道多途，要而言之，不出两种：一是理入，二是行入。

理入是悟理，就是由理而入道。方法有"壁观安心"和"藉教悟宗"两个方面。

宗密说："达摩以壁观叫人安心。外止诸缘，内心无喘，心如墙壁，可以入道。岂不正是坐禅之法？"

"壁观"之目的在于"安心"。"壁观"，宗密解释为心如墙壁之意。"藉教悟宗"是通过读诵佛教经典（达摩所传的四卷本《楞伽经》）教义而悟道。

入道之另一途径是"行入"，"行入"有四："报怨行""随缘行""无所求行""称法行"。达摩的"四行"，不再注重传统禅法的修持形式，而以"安心"为宗旨，要求在契悟真性的基础上无贪无著、苦乐随缘。并认为，只有在日常的道行之中，才能真正体现出安心无为、称法而行。

达摩的这种修行观，后来发展成为禅宗提倡的"饥来吃饭，困来即眠"这样一种随缘任运的修行方法。

达摩被后世尊为中国禅宗的初祖。

（二）二祖慧可与三祖僧粲

禅宗二祖慧可（487—593年），本名叫做神光，俗姓姬，武牢（今河南省成皋县）人，在幼年时代，对于儒家学说以及文学书籍都有研究，悟解很深，出家以后，更精通佛教大乘和小乘教义。北魏正光（520—525年）初年，他听说菩提达摩在嵩山少林寺，就前往求法。他来到少林寺，只见达摩祖师孤身一人面对墙壁静坐，修行禅观。求法心切的神光就住了下来，每日早晚侍候在大师左右，希望得到大师开示佛教的要义。可是过了很久，大师一直不肯开口讲法。

有一天夜晚，天降大雪，至天明时，积雪已经过膝。达摩问他来求何事，神光回答说欲求佛法。大师告诉他，只有勤苦真诚，才能求得诸佛无上妙道。神光拔出戒刀，毅然砍下自己的左臂，鲜

中国古代哲学思想

血染红了白雪。然后说："求大师与我安心！"达摩就伸出一只手来，厉声对神光说："把心拿来给你安。"神光找来找去，却找不到心的所在，回答说："觅心了不可得。"达摩说："与汝安心境。"神光听后大彻大悟。

达摩收神光为弟子，取法名叫慧可。同时又把从印度带来的《楞伽经》一部共有四卷传给慧可。

慧可成为中国禅宗第二代祖师。

三祖僧粲（？—606年）。据宋道原《景德传灯录》记载，有一位居士，四十多岁的时候，有一次前来礼拜二祖慧可大师，说："弟子身患风恙，请和尚忏罪。"二祖回答说："把罪拿出来，我为你忏罪。"居士沉默很久说："我找不到罪在哪里。"二祖说："我为你忏罪完毕。"居士说："今天我才知道罪性不在身内，不在身外，也不在中间。正像我们的心性一样，与佛法的道理并无二致。"

慧可大师听了居士的话，非常器重，认定他是佛门的栋梁之材，就为他剃度，给他取法名僧粲。

两年后，慧可有一天对僧粲说："菩提达摩祖师从遥远的天竺国而来，把正眼法藏密传给我，我现在传授给你，连同达摩祖师的衣钵，你应当善自珍重，不要使佛法断绝。"

这样，僧粲就成为禅宗第三代祖师。

僧粲大师得法之后，弘扬禅宗，有长达六百多言的《信心铭》流传后世。他在一次法会上，宣讲完佛法心要后，在大树下合掌站着圆寂。

（三）四祖道信与五祖弘忍的"东山法门"

现在学术界一般认为，中国禅宗初创于道信，基本完成于弘忍。道信是三祖僧粲的弟子。道信传法给弘忍。他们形成了从初祖到三祖相对独立的派别，即"东山法门"。

道信（580—651年），复姓司马，7岁出家。他曾经向三祖僧粲学习佛法十年。在唐武德甲申年间，在蕲州黄梅的双峰山（即破头山，今湖北黄梅县西北约10千米）弘法。据普济《五灯会元》记载，唐太宗曾四次诏请他前往京师，道信有三次都以患病推辞。第四次，太宗对使臣说："如果再不来，就把他的头取来。"使臣对道信传达了太宗的旨意，道信仍然不肯奉旨离山，"乃引颈就刃，神色俨然"。使臣只得回去复旨。太宗听说后，对道信更加仰慕，赏赐丰厚，不再逼迫道信离山。

弘忍的再传弟子净觉撰写的《楞伽师资记》中讲到道信的禅学时说，道信撰写过《菩萨戒法》和《入道安心要方便法门》。道信依据《文殊说般若经》，修行"一行三昧"，提出"念佛心是佛，妄念是凡夫"的二心论——净心与染心。"二心论"，由道信开创，成为东山法门的禅学特色。

《文殊说般若经》是大乘佛教的主要经典，强调长坐不卧的修行方式。道信注重坐禅，他要求弟子"努力勤坐"。道信进一步对参学者强调，"莫读经，莫共人语"。他认为到功夫成熟的时候，自然能对佛法有深入的体悟。有记载称道信"摄心无寐，胁不至席者六十年"。

《楞伽师资记》把"安心"定为东山法门的禅学的中心思想。但是，东山法门的"安心"与达摩的"安心"有所不同，东山法门是"安理心"。净觉释"理"时说："心能平等名之为理，理照能明名之为心，心理平等名之为佛心。"道信曾经说过："……独一清静，究竟处心自明净。或可谛看，心即得明净。"他认为，如果真能心如明镜之后，可能一年，可能三年五年，有的需要老师的点拨，有的不需要，就能解悟佛法。

禅法本是应机的，无法教授。如果自己觉得有所领悟，就秘密向师长表达自己的心得与见地，请求印证。这种传法的方式是在师徒两人之间秘密进行的，不落于文字表面。这就是不立文字，以心传心。弘忍的禅学也是通过这种方法从道信那里传来的。

禅宗虽然不立文字，但也有"藉教悟宗"的主张，就是不与经教相违背。不立文字，是让参学的人忘言忘念，领悟佛法的真意。达摩、慧可、僧璨是以四卷本的《楞伽经》创立禅学体系的，而道信、弘忍以后的禅学，又增进了《金刚般若经》《大乘起信论》的思想。

中国古代哲学思想

弘忍（602—675年），俗姓周，浔阳（今江西九江）人，也有说他是蕲州黄梅（今湖北黄梅）人。关于弘忍7岁奉事道信出家的事，《宋高僧传·弘忍传》有这样的记载：道信去黄梅县，路上遇到一个少年，"骨相奇秀，异乎常童"。道信问他："子何姓？"少年回答说："性即有，不是常性。"道信又说："是何姓？"少年回答说："是佛性。"道信问道："你难道没有姓吗？"少年回答说："姓空故。"少年的意思

是，我并非没有姓，只是这个"姓"本质上是空的。道信见这个少年禀赋异常，预见到他对佛法的传承将会有所作为，就找到他的父母，请求允许他出家。少年的父母也颇为开明，"以宿缘故，殊无难色"。这样，道信就给少年取法名弘忍。

道信的弟子弘忍三十年不离左右。弘忍在道信的门下，勤于劳作，供养一同参学的"法侣"生活。他性情木讷沉厚，"常勤作役，以体下人"。"昼则混迹驱给，夜便坐摄至晓"，即白天与僧众一起劳作，晚上摄心静坐至天明。

他坚持执行道信"努力勤坐""莫读经，莫共人语"的教诲。由于他修行精深，平时虽不常看各种经论，但只要听人读诵，就能领会其中的深意，"未视诸经论，闻皆心契"。

得到道信的传法袈裟后，弘忍在冯茂山（今湖北黄梅县北约10千米）弘法。除《楞伽经》外，他又发挥《金刚般若经》的意旨，听讲者超过700人。冯茂山在双峰山之东，所以也称东山，当时人们称弘忍为东山法师。道信与弘忍的禅学由此被称为"东山法门"。

因为弘忍的禅法是对道信禅法的发扬，道信倡导的"一行三昧"成为东山法门的根本。

弘忍的门下弟子，根据弘忍传法所论，集录了《最上乘论》，他的禅学思想，强调"守本真心"，他认为，"此守心者，乃是涅槃之根本，入道之要门，十二部经之宗，三世诸佛之祖"。

弘忍认为，众生与佛虽然真性无二，但众生由于迷于真性，丧失了本有的真心，因而沉沦生死，不得解脱。如果能悟达法性，自识本心，从而守本真心，妄念不生，就能与佛平等无二。弘忍把识心悟性提到极重要的地位，并且在

《最上乘论》中有"渐修顿悟"的倾向，这在禅宗发展史上，具有非同寻常的意义。此后，迷与悟，顿与渐，与禅宗结下了不解之缘，并成为禅宗南北分歧的核心问题之一。

"东山法门"不再像从前那样行头陀戒行，而是有了严格的戒律；不是游行于村落，居无定所，而是已经形成了农禅并作，经济上自给自足的比较稳定的僧团，奠定了禅宗生产和生活的基本方式，开创了中国禅宗特有的宗风。

（四）六祖慧能

六祖慧能（638—713 年），俗姓卢，祖籍河北范阳（今河北涿州）。父亲名行瑫，被贬到岭南新州，贞观十二年慧能出生。慧能 3 岁的时候，父亲逝世，母亲把他养育成人。由于家境贫寒，他砍柴谋生。

有一天，他到街市上卖柴，听到有人读诵《金刚般若经》，其中有一句"应无所住，而生其心"，慧能心下有所领悟，吃惊地问："请问这是从哪里得来的经书？"

诵经者回答说："蕲州黄梅县冯茂山弘忍禅师劝导人们读诵此经，说可以见性成佛。"慧能听了，"如饥渴之于饮食，立志游方"。

游方中的慧能曾借住于刘志略家。刘志略有姑姑出家，法号无尽藏，经常读诵《涅槃经》。慧能就为无尽藏尼姑解释佛经中的深义。尼姑拿着佛经问他某个字怎么读，慧能却说自己不识文字，并说："诸佛妙理岂在文字耶？"

唐高宗龙朔二年（662 年），慧能到了湖北蕲州（今蕲春）黄梅东山。初见禅宗五祖弘忍时，五祖问他是何方人氏，"欲求何物"，慧能说自己是岭南新州百姓，来这里向祖师求教做佛的法门，不求别的。五祖说："你是岭南人，又

是獦獠，你怎么也想成佛？""獦獠"是唐代人对南方少数民族轻蔑的称呼。慧能机锋敏锐，他反问道："人虽有南北，佛性本无南北。獦獠身与和尚不同，佛性有何差别？"五祖吃了一惊，知道这是个佛门法器，为此留下他，让他随着众人做杂役。慧能在米房里舂米八个多月。

后来，弘忍法师要向弟子传授衣钵，命众门人各作一偈表达心中对佛法的见解。大家都说，神秀上座是教授师，他一定会得法的。

神秀上座经过认真思考，作了这样一个四句偈："身是菩提树，心如明镜台；时时勤拂拭，莫使有尘埃。"弘忍看了偈子，说神秀的境界已经到了门前，只是还未见到本性。并说："凡夫依此偈修行，即不堕落；作此见解，若觅无上菩提，即未可得。"

慧能也作了四句偈，暗中呈献给五祖："菩提本无树，明镜亦非台；本来无一物，何处惹尘埃。"弘忍大师认可了慧能的心得，并传衣钵给慧能，慧能成为禅宗的六祖。

为了防人争夺法衣，弘忍让慧能立即离寺南行，韬光晦迹，三年内不要弘法。五祖弘忍送慧能至九江驿，弘忍要为慧能摇橹，慧能对五祖说："迷时师度，悟了自度，度名虽一，用处不同。慧能生在边方，语音不正，蒙师传法，今已得悟，只合自性自度。"

五祖回寺后，过了三日，才普告全寺大众说，我的正法已经南传了。在座大众都莫名其妙，可是寺内有位上座和尚名叫慧明，听说正法眼藏和传法的衣钵，被卢行者得去，心里感到恼怒，马上飞奔追赶。慧能大师看到后面有人追赶，就将衣钵放在路旁，自己躲在一旁。慧明赶到后，用双手尽全身之力去拿衣钵，可是衣钵却不动。慧明心里就害怕起来，大声叫道："卢行者，卢行者！"慧能走出来问道："慧明上座，你是为衣钵来，还是为法来？"慧明说："我是为法来。"六祖开示说："不思善，不思恶，这时，什么是你慧明上座的本来面目？"慧明言下大悟。

慧能在岭南怀集、四会（今广东县名）一带的山林中，隐藏到唐高宗仪凤元年（676年），他来到了广州法性寺。正逢印宗法师住持此寺，开讲《涅槃经》，前来参学的僧众非常多。有一天，慧能偶然在大殿里听到两个僧人争论。原来，他们看到佛前所挂的长幡，被风吹动了。一个僧人说这是风动，一个僧人说是幡动，议论不休。慧能上前说："不是风动，不是幡动，仁者心动。"众僧听了这样高妙的见解，都感到很惊异。

印宗法师在旁边也听到了，就请慧能为大家开示佛法要义。与慧能交谈后，印宗法师更认定他非同寻常，问道："久闻黄梅衣法南来，莫是行者否？"慧能就把五祖传给他的衣钵拿出来。印宗这才知道，他就是传承弘忍衣钵的六祖。

印宗法师为慧能大师正式举行剃度仪式，又请智光律师，在法性寺临坛传授比丘满分戒法，授以具足大戒。后来，印宗与僧众参学者，共送慧能回到韶州曹溪宝林寺（今广东曲江南华寺）。

在韶州，因为有韶州（今韶关）刺史韦璩的支持，六祖慧能得以公开弘扬圣教，大阐宗风，学者云集。在慧能门下得法的弟子有四十三人。为了避免争夺佛的衣钵，发生不必要的纠葛，宣布从此以后传法，只传法印，不传衣钵。

慧能始终保持了道信和弘忍山林佛教的特色，多次托病推辞了武则天和唐中宗的诏请。

由于慧能长期在曹溪宝林寺弘法，他也被称为"曹溪大师"。唐玄宗先天二年（713 年），六祖慧能圆寂于新州国恩寺，享年 76 岁。他的遗体被弟子迎归曹溪宝林寺。宝林寺就是现在的南华寺，寺内六祖殿供奉的慧能肉身像，历来被认定为六祖的真身。唐朝著名的文学家王维、柳宗元和刘禹锡都曾为六祖撰写碑铭。

慧能所倡导的南宗禅学，代表着中国禅宗的主流，绵延发展至近代。

（五）《坛经》的禅学思想

慧能到曹溪后，应韶州刺史韦璩等人之请，到韶州大梵寺说法。《坛经》就是慧能的门人根据六祖传法时的记录，汇集整理出来的，成为中国禅宗最重要的经典。

现存的《坛经》也包括了慧能平时与弟子的问答，以及慧能圆寂前付嘱等内容。它的全称是《南宗顿教最上大乘摩诃般若波罗密经六祖慧能大师于韶州大梵寺施法坛经》，简称《六祖坛经》。

《坛经》在演变过程中，形成了法海记录本（已逸）、曹溪原本或称法海集记本（已逸）、敦煌本、古本或称圆会本（已逸）、惠昕本、契嵩本、至元本或称德异本、宗宝本等八个版本。

中国古代哲学思想

《坛经》由序分、正宗分、流通分三部分内容组成。

"序分"叙述了慧能于大梵寺说法，法海集记《坛经》的缘起。"正宗分"是《坛经》经文的主体部分，是慧能大梵寺说法的内容，也包括以后慧能与弟子们的答问，这部分经文约占全经经文的三分之二，集中阐述了慧能独创性的禅宗学说。"流通分"是全经的第三部分，也是最后一个部分，叙述了慧能去世前对十弟子等的付嘱及临终前后的情形。

《坛经》中所体现出的六祖慧能禅学的特点，大致可以概括为三个主要方面：

第一个方面，是提出"即心是佛"论。慧能禅学的出发点，是"识自本心，见自本性"，人人都有佛性。见性，就可以成佛。"心是地，性是王"，二者是不可分的，"性在王在，性去王无；性在身心在，性去身心坏"。

慧能认为，"菩提般若之智，世人本自有之"，但是，如果心迷，就不能自悟本性。"自性若悟，众生是佛。"他说："自心皈依自性，是皈依真佛。"

基于这样的认识，慧能认为"万法尽在自心"，"外无一物而能建立，皆是本心生万种法"。故经云："心生，种种法生；心灭，种种法灭。"他进而得出"于自性中万法皆现"的结论。

慧能的禅学，是让参学者直接从自己的心中体悟"佛意"，承传释迦牟尼佛"教外别传"的"心法"。这种"以心传心"的传承方式，也是禅宗初创时的基本原则。

自《坛经》以后，即心是佛已成为禅学常谈。

六祖慧能禅学的第二个特点，是在"即心是佛"认识之上，提倡"顿悟成佛"的修行观。他不主张传统坐禅的修行方式。他说："道由心悟，岂在坐也？"他对禅定重新加以定义："外离相即禅，内不乱即定。外禅内定，是为禅定。"他举出《菩萨戒经》中"我本元自性清静"的经文，进一步发挥出他的修行方式，说："于念念中，自见本性清净，自修自行，自成佛道。"他认为，"若识本心，即刻解脱"。"一念修行，自身等佛。……前念迷即凡夫，后念悟即佛。前念著境即烦恼，后念离境即菩提。……若识自性，一悟即全佛也"。

所谓"一悟即全佛",也就是顿悟成佛。《坛经》中多次强调,"悟即元无差别,不悟即长劫轮回"。

慧能说:"自性自悟,顿悟顿修,亦无渐次,所以不立一切法。诸法寂灭,有何次第?"他打比方说:"一灯能除千年暗,一智能灭万年愚。"

慧能的顿悟说,立足于当下的现实之心,就是自心般若在念念无著中的自然显现。他说:"本性自净自定,只为见境思境即乱。若见诸境心不乱者,是真定也。"他借五祖弘忍的话说:"无上菩提须得言下识自本心,见自本性,不生不灭。于一切时中,念念自见万法无滞;一真一切真,万境自如如。如如之心即是真实。若如是见,即是无上菩提之自性也。"

如何能实现顿悟呢?慧能自称:"我此法门,从上以来,先立无念为宗,无相为体,无住为本。"对"无念",慧能解释说:"何名无念?若见一切法,心不染著,是为无念。"

慧能甚至认为,"悟无念法者,万法尽通。悟无念法者,见诸佛境界。悟无念法者,至佛地位。善知识,后代得吾法者,将此顿教法门于同见同行,发愿受持,如事佛故,终身而不退者,定入圣位"。

《坛经》中记载的禅僧法达的开悟机缘很能说明这一问题。法达曾经读诵《法华经》七年,"心迷不知正法之处,经上有疑",请慧能为其解答。慧能告

诉他,"心行转《法华》,不行《法华》转;心正转《法华》,心邪《法华》转;开佛知见转《法华》,开众生知见被《法华》转"。法达一闻,"言下大悟"。

《坛经》明确指出,"世人终日口念般若,不识自性般若,犹如说食不饱。口但说空,万劫不得见性,终无有益"。

《坛经》体现六祖慧能禅学的第三个特点,就是不落两边的"中道观"。佛教的理论体系是圆融无碍的,但用言语表述,往往容易出现偏颇。

"中道"最初是印度龙树一派的方法论。慧能把它引申沿用过来,在论证自己的禅学观点时,他从空无观点出发,提出"不着一边"和"出语尽双"的观点。他在圆寂前,传授十大弟子时说:"先须举三科法门,动用三十六

对，出没即离两边，说一切法，莫离自性。忽有人问汝法，出语尽双，皆取对法，来去相因，究竟二法尽除，更无去处。"

慧能举出三十六个相对的词汇，分为三类，就是外境无性对、法相语言对、自性起用对等"三科"。

比如，外境无性对有五个："天与地对，日与月对，明与暗对，阴与阳对，水与火对。"慧能叫弟子顾及两边，非这边也非那边，"中道"就是不偏在一边。比方："何名为暗?"他认为"明是因，暗是缘，明没即暗，以明显暗，以暗显明，来去相因，成中道义"。

对三十六对法，他说："依此说，依此用，依此行，依此作，即不失本宗。……若解用，即通贯一切经法，出入即离两边。"

比如谈"空"与"相"，慧能举例说："外于相离相，内于空离空。若全着相，即长邪见;若全执空，即长无明。"

禅宗主张不立文字，就是如果对"第一义"有所拟说，就不免有所肯定，执著一边。这种着边的话头，都叫做"粗言"或"死话"。中道认为，肯定即是否定，肯定一边，即是否定另一边。不着一边，才能达到心体释然，应用自在。

慧能的这种"出语尽双""不着一边"的主张，直接影响了以后禅宗的"公案学"。只有超出两边，问答的双方才能毫无所得，而达到真正的解悟。

通览中国僧人的佛教著述，都是"释经"，即在解释佛说的基础上发挥自己的观点。太虚大师说这是"依教修观的禅"或"依教修心之禅";胡适先生把"释经"定义为"印度之禅"或"半中半印的禅"。

《坛经》则不同，它是中国僧人著述中唯一一部被称作"经"的经典性著作，它的问世，标志着真正意义的中国禅宗的形成。它以其独特的语录形式，建立了完全属于慧能自己的佛学体系。虽然这一体系并没有离开大乘佛教这个总的框架，却在中国僧人的心目中确立了与"佛说"相提并论的中国禅学思想。

能记录六祖慧能思想的，除了几个版本的《坛经》外，还有《曹溪大师别传》。《曹溪大师别传》是由日本传入中国的。据日本学者忽滑谷快天考证，日本最澄法师于唐德宗贞元二十年（804年）至顺宗永贞元年（805年）入唐，《曹溪大师别传》著于建中二年（781年）。当时距慧能卒年（713年）仅半个世

中国禅学

143

纪，因而也是研究慧能生平及禅学的重要文献。

（六）"南顿北渐"之争

中国禅学的创始者和确立者是慧能，而对其进一步发展和阐扬的是其弟子神会。

神会（668—760 年），俗姓高，襄阳（今属湖北）人。神会最先追随弘忍的弟子神秀。神秀的禅学被称为北宗，当时影响颇大。后来神秀被武则天迎入宫中，奉为国师，"两京之间，皆宗神秀"。后来，唐中宗、睿宗也奉之为国师。

神会听说弘忍的衣钵传给了在岭南传法的曹溪慧能，就又跟从慧能学法十五六年。

慧能圆寂前，与弟子告别时，法海等弟子都涕泪悲泣，只有神会无动于衷。慧能称赞他："得善不善等，毁举不动，哀乐不生。"并认为其他的弟子都"不得"。他严厉地诲训他们说："数年山中，竟修何道？汝今悲泣，为忧阿谁？若忧吾不知去处，吾自知去处。"并开示说："法性本无生灭去来。"从中可见慧能对神会的肯定。

慧能圆寂后，神会最大的贡献就是到北方与号称"北宗"的神秀法嗣进行论争，从而确立慧能曹溪学说"南宗"的正宗地位。在争论中，神会也把慧能的禅学和南宗思想进一步完善，并有所发展。

当时北宗神秀的弟子普寂，由于得到唐中宗和权贵的支持，推神秀为禅宗第七祖（把译四卷本《楞伽经》的求那跋陀罗定为禅宗第一祖，把达摩定为第二祖）。

神会在唐玄宗开元二十二年（734年）正月十五日，参加了在滑台（今河南滑县东）大云寺举行的无遮大会，同北宗的崇远法师展开了一场南北禅宗的

中国古代哲学思想

大辩论。这场辩论，后来由独孤沛记录成文，名为《菩提达摩南宗定是非论》。神会在辩论中，指责了普寂出自私心，随便确立神秀为祖师的做法。他批评北宗"传承是傍，法门是渐"，指责神秀的禅学不是达摩禅法的正宗传承。

后来，神会又到洛阳传法，住菏泽寺，每日作道场，参学的僧众越来越接受"南宗"禅风。由于神会的努力，慧能的"南宗顿门"逐渐得以流布天下，而北宗的影响力和地位开始动摇，"致普寂之门盈而后虚"。

由于普寂是当朝的国师，"北宗"有政治势力的支持。天宝十二年（753年），神会被加上了"聚徒疑萌不利"的罪名，被流放数年。九十高龄的神会两年之间在湖北、江西一带换了四五个地方。神会被贬谪回来后，天宝十四年（755年），发生了"安史之乱"。由于神会德高望重，帮助国家筹集军饷，对郭子仪收复两京起到了重要作用，唐肃宗下诏，把神会请入宫内供养，并在菏泽寺中，为他建造禅宇。这件事成了神会确立"南宗"正宗地位的关键。

乾元元年（758年）五月十三日，神会卒于荆州开元寺。朝廷不仅为他建塔，谥号"真宗大师"，贞元十二年（796年）德宗皇帝还敕皇太子集诸禅德，楷定禅门宗旨，立神会为禅宗的第七代祖师。

从此，慧能南宗的地位得到了公认。

（七）禅宗的自我完善——"宗密禅学"与"百丈清规"

随着南北朝隋唐时佛教的兴盛，中国的禅学得以迅速发展。不仅佛教本身形成了如"华严宗""禅宗"等宗派，就是禅宗内部，也各树门庭，以至"宗门禅"林立，小的有百家，大的有"江西、菏泽、北秀、南侁、石头、保唐、宣什及稠那、天台"等十个派别，按宗密的说法"至于迹相祖述，殆且百家；业擅专门，犹将十室"。各个门派都立宗传法，"以经论为干戈，互相攻击"。致使"数十年来，师法益坏"。

宗密（780—841年），俗姓何，果州西充（今四川西充）人。因他长期居住于陕西县（今户县）圭峰，专事著述，最终在那里圆寂，人们称之为"圭峰宗密"。

宗密出身于高门望族，他一生致力于对佛教义理的研究，用他自己的话说，"自年十七八乃至今垂半百，未曾断绝"。宗密是唐朝后期最著名的禅学家，他搜集诸家的禅学文献，集百家之言，探究源流，考查禅门各派的是非异同，最后加以会通，得出结论。宗密的著述之多，超过了其前所有的佛学家，研究的领域涉及佛教的各宗派，他把各家各宗的禅学会通在一起，纂辑成了上百卷的《禅源诸诠集》，可以称其为禅学的集大成者。这部大书只有总序保存了下来，长达四卷，称为《禅源诸诠集都序》，是中国禅学史的重要文献。宗密的禅学，形成了严密系统的体系，达到了当时的最高水平，几乎所有禅宗史书都有宗密的传记。

宗密是佛学的通家，兼通数宗。因他早年师事华严宗的四祖澄观，被尊为华严宗的五祖。但他在中年以后，更致力于禅宗，并拜菏泽州大师神会的三传弟子道圆为师，自称"问法契心"，而以菏泽神会的四传弟子自居。

宗密的禅学贡献首先是以禅判教。判教，也称教相判摄，是判别解释佛所说法的方法，区别佛所说法的形式、先后秩序、内容、含义等。

宗密所处时代，正是禅学发展的历史关键时期，在杂乱无序的多元化禅学中，宗密把慧能代表的"南宗"确立为中国禅学以至中国佛教的正宗，是未来中国禅学以至佛教发展的方向。

对当时各派系的立场，他认为各家均有所长，"悉非邪僻"，不仅不指责任何一家，还对各家各宗所长，加以阐扬。他把各种思想和宗派判摄为六个层次，第一个层次是儒、道。接着把佛教自浅至深，分为"人天教、小乘教、大乘法相教、大乘破相教、一乘显性教"五等。他认为，佛根据众生根器不同，提出了五教的"方便说"，不能执一为整，执偏为全。他把一乘显性教称为"圆教"。所谓"圆教"，就是其他宗派都融会于这个体系之中。

对于佛教中的"禅"，宗密也由浅至深地分为小乘禅、大乘禅、最上乘禅。宗密把达摩传承下来的禅法，称为"最上乘禅"。

宗密判佛教为三种，即"密意依性说相教""显示真心即性教""密意破相显性教"；他又判禅宗为三宗，即"息妄修心宗""泯绝无寄宗""真显心性宗"。宗密认为，"三教三宗是一味法"。以"三宗"的禅心，证悟与之对应的"三种佛教"。最后"禅教双忘，心佛俱寂"。这样"俱寂即念念皆佛，无一念而非佛心；双忘即句句皆禅，无一句而非禅教"。

在顿悟成佛的问题上，宗密继承了神会顿悟后还需渐修的理论，并提出自己的见解。他认为"未悟而修，非真修"。为了区别他所主张的渐修与"北宗"渐悟成佛的不同，他说："北宗但是渐修，全无顿悟，修亦非真。"他直接提出他承传的荷泽宗是"必先顿悟，依悟而修"。他对悟后的渐修，提出"迷悟十重说"，认为渐修对治的是烦恼，把六道凡夫不觉悟之本和三乘圣贤觉悟之本各分为十重，最后修行至正觉，达到"佛无异佛"究竟的觉悟。

宗密自己概括其禅学理论体系为"三种教，三宗禅，十所以，十别异，轮回及修证又各十重"，并评价"理无不穷，事无不备。研寻玩味，足可修心"。另外，宗密所著《原人论》是其禅学思想的纲要。

宗密完善了禅宗中国化义理的思想体系，而怀海则完成了禅宗的戒律建设。

从达摩祖师传禅到僧璨禅师时代，禅修者还仅是极为个别的情形，到了道信禅师的时候，其门下就有僧俗五百余人，诸州学道者云集双峰山，五祖弘忍禅师门下有七百余僧，形成了"东山法门"；而六祖慧能禅师归宝林寺时有"缁白千余人"。随着这样的禅僧修学的集团性规模不断扩大，对于管理制度的制定与成文化，也是势在必行。尤其是其禅门的特殊修学方式，亦应有相应特殊的规制。《百丈清规》的出台，可以说是在这样的形势下被呼唤出来的。

怀海（720—814年），本姓王，唐朝长乐（今福建县名）人。他出家后曾住百丈山（即今江西奉新的大雄山），所以被称为百丈禅师。怀海的最大贡献是糅合大小乘律，制定了《禅门规式》，后世称为《百丈清规》。

百丈禅师因住于律寺之中，而感到对禅宗"说法住持，未合轨度，故常尔介怀"，从而别创禅林，制立清规。别立禅居，使禅宗僧侣直接从一般寺院中分离出来，成为自主的部分，这样，禅宗作为一个独立的佛教宗派最终成为历史事实。

《百丈清规》为禅院确定了组织、体制、生活方式和行为规范，规定禅宗僧众不再住在律寺，别立禅院居住。

"禅院"最大的特点是"不立佛殿，唯设佛堂"，表示以"法"为重，规定实行"普请"（集众作务）法，上下平等，协作劳动。当时，禅农已经成为一种稳定的寺院经济形式，禅众集团长期形成的同吃同住同劳动和平等消费的生活方式，开始规范化和制度化。"清规"把劳动生产与禅修生活结合起来，给僧人物质生活的自给提供了保障，改变了寺院经济基础，缓解了佛教与社会的经济利益冲突。发端于道信，开拓于弘忍的农禅体系，由怀海完成，将禅行与农作融合为一，并在制度上加以巩固。这是禅宗的一次重大革新，在中国佛教

史上具有划时代意义。这一制度，立即得到天下禅宗的普遍承认，并很快通行起来。怀海"一日不作，一日不食"的原则更被传为佳话。

"清规"又规定设立住持，住在方丈，尊为长老。禅院由此完成了禅宗的制度建设。

《百丈清规》制定之后的几百年间，就出现了十几种清规，历代丛林依《百丈清规》为蓝本，作了一些权宜性的增减，到元代至元年间（1335—1340年），奉敕重修，称为《敕修百丈清规》。迄今近七百年间，《百丈清规》一直作为历代寺院的基本法规。禅宗的真正崛起，是以清规的创建为主要标志的，而清规的制定，又对禅宗寺院的普遍兴起起到了根本的推动作用。

《百丈清规》是怀海对禅宗的极大贡献，《百丈清规》使禅宗的体制更加中国化，对禅宗自身的发展起到重大的推进作用。"不立佛堂，唯树法堂"，显示了佛法的崇高性质及僧众在佛法面前的平等地位。"清规"中许多有关禅僧生活的规定，一千多年来始终是禅宗和尚们的基本戒规。

（八）"一花开五叶"——五家宗派的形成

慧能著名的弟子有南岳怀让、青原行思、菏泽神会、南阳慧忠、永嘉玄觉，形成禅宗的主流，其中以南岳怀让、青原行思两家弘传最盛。

怀让禅师（677—744 年），金州安康（今属陕西）人，俗姓杜。从六祖处开悟得法后，到湖南衡阳南岳居住，在那里大阐宗风。怀让禅师再传与马祖道一。

怀让继承了慧能禅学"无相""无住"、不可言说、无所执著的般若思想，突出自然任运的特色。马祖曾居南岳传法院，"唯习坐禅"，见有来访者都不顾。怀让去，"亦不顾"。六祖慧能曾对怀让说："汝向后出一马驹，踏杀天下人。"见马祖气宇不凡，怀让认为，六祖指的"马驹"就是此人。于是便对他进行诱导开示。有一天，怀让问马祖："大德坐禅图什么？"马祖回答说："图做佛。"怀让就取出一块砖，在石头上磨。马祖开始不理他，见他磨的时间长了，就问道："磨做什么？"怀让回答说："磨做镜。"马祖问道："磨砖岂能成镜？"怀让反问道："磨砖不能成镜，坐禅岂能成佛？"

接着，怀让又进一步开导他说："汝学坐禅，为学坐佛？若学坐禅，禅非坐卧。若学坐佛，佛非定相。于无住法不应取舍。汝若坐佛，即是杀佛。若执坐相，非达其理。"马祖闻言，豁然开悟。

马祖（709—788 年），名道一，俗姓马，汉州什邡（今四川什邡县）人，一般称"马祖道一"。马祖开悟后，奉事怀让十年，后来在钟陵（今江西南昌）开元寺，创"洪州宗"，入室弟子有一百三十九人，各为一方宗主。百丈怀海、南泉普愿、西堂智藏、大珠慧海、盐官齐安、归宗智常、盘山宝积是其中最著名的。百丈怀海、西堂智藏、南泉普愿被称为马祖门下三大士。马祖的禅法经百丈而化出沩仰和临济二宗。

行思禅师（？—740 年），吉州庐陵（今江西吉安市）人，俗姓刘。从六祖会下得法之后，到吉州青原山般若寺安住精修，弘扬禅宗，世称"青原行思"。行思的资料很少，也是因为弟子石头希迁而知名。

希迁本姓陈，端州高要（今广东高要）人。他曾住衡山南寺，寺之东有块石头，平整如台。他就在上面结庵，当时的人称其为"石头和尚"。因希迁曾到曹溪找六祖参学，希迁初见行思时，行思就问他："你从曹溪得着什么来？"希迁回答说："未到曹溪时也未曾失落什么。"行思又问："若如此，去曹溪做什么？"希迁回答："若不到曹溪，怎知不失？"

中国禅学

有僧问希迁："如何是解脱?"希迁反问道:"谁缚汝?"又问:"如何是净土?"他又反问:"谁垢汝?"僧人接着问:"如何是涅槃?"希迁仍是反问:"谁将生死与汝?"

希迁的著作《参同契》和《草庵歌》在禅门中流传很广。石头希迁的弟子最著名的有天皇道悟和药山惟俨,门下分别流出了云门宗、法眼宗和曹洞宗。其他著名的还有丹霞天然、潮州大颠等。

从马祖和石头二位大师以后,中国佛教的禅宗,即慧能的南宗,就分为五家宗派,闻名天下。达摩大师在传法与慧可大师时又说了四句偈子:"吾本来兹土,传法度迷津,一花开五叶,结果自然成。"禅宗学者认为,五家宗派的形成和发展,即是偈语的暗示。

五家宗派具体的传承如下:

第一家是临济宗。

马祖传百丈,百丈传黄檗希运,黄檗传临济义玄禅师,因义玄住镇州(治所在今河北正定)临济院而得名。

第二家是曹洞宗。

石头传蔼山,蔼山传云岩,云岩传良介禅师,这个法系是由洞山良介禅师与曹山本寂禅师师徒二人联合创立的,所以叫做曹洞宗。

第三家是沩仰宗。

百丈传灵佑禅师,沩山灵佑及其弟子仰山慧寂创立了沩仰宗。沩仰宗自仰山禅师开始,只传到第四代。到了宋朝初期这个宗派就已经不大闻名了。

第四家是云门宗。

石头传天皇,天皇传龙潭,龙潭传德山,德山传雪峰,雪峰传文偃禅师,

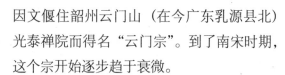

因文偃住韶州云门山(在今广东乳源县北)光泰禅院而得名"云门宗"。到了南宋时期,这个宗开始逐步趋于衰微。

第五家是法眼宗。

雪峰传玄沙,玄沙传罗汉,罗汉传文益禅师,"法眼宗"由文益创立,因南唐中主李璟赐谥其为"大法眼禅师"而得名。

五家中,最兴盛的是临济宗。自从临济

义玄禅师的最初法脉长沙楚圆大师以后，又分传出两个法系，一是传与南昌黄龙山的慧南大师创立了"黄龙派"，因其住黄龙山（在今江西南昌市）而得名。二是杨岐派，创始人是宜春杨岐山方会大师，因方会住杨岐山（治所在今江西萍乡县北）而得名。

禅宗"五家七派"的禅学思想，相差无几，大同小异。归根到底，同出一源，仅是门庭接引学人的宗风有所区别。

禅宗在五家七派以后，禅风有所改变，有"颂古""评唱"等一类禅门偈颂行世。临济宗杨岐方会派下的圆悟克勤作《碧岩集》，影响很大。克勤弟子大慧宗杲提倡"看话头禅"，深受士大夫们欢迎。这种佛儒合流的倾向，影响到宋明理学的形成。

曹洞、临济两家禅学，自宋以后，经元明清三代，至今不绝。但是曹洞宗的势力不如临济宗，俗谓"临天下，曹一角"。

（九）元代以后禅宗的衰微与没落

1279 年，元建都大都（北京），南宋灭亡。蒙古族上升为统治民族。元王朝实行民族等级制，按照民族的不同和被征服的先后，把国内的人民分为蒙古、色目、汉人和南人四个等级，并在官吏的任用和法律地位乃至其他的权利和义务方面，作出了种种不平等的规定。

虽然元代允许多种宗教并存，甚至宪宗蒙哥（1251—1259 年）在对宗教加以保护的基础上，重点扶持佛教，把佛教的地位置于诸教之上。但蒙古贵族崇奉的是喇嘛教，历届皇帝都奉喇嘛教僧人为师，成为元朝的一大制度。由于南人是最低等级，主要在南方流行的禅宗自然要受到不小的影响，以至元代形成了"尊教抑禅"的倾向，在政治上，表现出对南人的歧视。

元王朝为了改变禅僧不重经教的学风，向江南禅宗兴盛地派遣讲经僧人，以此树立传统佛教典籍的权威，甚至支持把禅寺改成"讲寺"，如天台宗僧人性澄，请将国清寺由禅院改成"讲寺"，受到了忽必烈的支持。

中唐以来，由于佛教义学的衰微，"从教入禅"是一种时尚，入元以后，僧侣"从禅入教"成为新的潮流。由于北宗在元以后就销声匿迹，南方禅宗的正宗地位和主体地位仍在保持着。对元统治者，南方禅宗采取了消极对抗的态度。如临济宗的禅师中峰明本，就多次拒绝朝廷的征召，而元统治者对南方禅宗也减弱了压力，加强了怀柔的成分，"聘之不至，制金纹袈裟赐之""加普应国师"，表现出对南方禅宗既有形势的肯定。

在元代，全国的寺院佛教事务由宣政院统一管理，寺院分为禅、教、律三宗。天台、华严、慈恩三家属"教"，而"律"为佛教各派共同尊奉。喇嘛教因理论与慈恩相通，慈恩便为元代佛教所重。当时的佛教是"二分天下"，形成了所谓"南禅北教"的格局，一直延续到明清两朝。

元代临济宗，在北方有海云印简（1202—1257 年）一系，南方有雪岩祖钦（1215—1287 年）一系。印简被称为中兴临济的人物，不过，此一系的法统并不很长。祖钦系是元代禅宗影响最大的一个支派，其中高峰元妙、中峰明本、云峰妙高、天如惟则、千岩元长是这一派的代表。

元妙（1238—1295 年），号高峰，以话头禅和"三关语"接引和启悟参学者。他著名的三关语是："大彻底人，本脱生死，因甚命根不断？佛祖公案，只是一个道理，因甚有明与不明？大修行人，当遵佛行，因甚不守毗尼？"

另外，元妙还有"室中三关"——"杲日当空，无所不照，因甚被片云遮却？人人有个影子，寸步不离，因甚踏不着？尽大地是个火坑，得何三昧，不被烧却？"两种三关语，并行于世，引导参学者了生脱死，彻底参悟。

明本（1263—1323 年），号中峰，明本是元妙弟子中的佼佼者。他的禅学思想，体现在他对宗杲"看话禅"的复兴和对其他禅法的批判上。另外，禅净一致的理论，虽不是明本的独创，但他提出"禅即净土，净土即禅"，将"话头禅"与念佛法门结合起来，则是他的发明。

在元代密、教、禅、律四宗并存的局面下，明本提出禅宗是"一佛大觉圆满之心"，虽然四宗都是"一佛之旨"，没有高下优劣，但明本的禅学理论，既有为当时禅宗地位低下抱不平的成分，也有他对禅宗的自信。

中国古代哲学思想

1368 年，朱元璋建立了明王朝，他主张以儒术治天下，制定了严密而有极强针对性的宗教政策，诏令禁止白莲社、大明教和弥勒教等他认定的"邪教"。为达到"化愚俗、弥边患"的政治目的，明统治者还多次对番僧（喇嘛）给予过高的待遇，以致引起朝野不满，最后世宗（1522—1566 年）不得不"复汰番僧"，藏传佛教对内地的影响越来越小。

明统治者建立和健全僧司机构，强化佛教管理，朱元璋还多次颁布诏令，把寺院分为禅、讲、教三等，僧人也相应分为三宗，要求"各承宗派，集众为寺"，甚至对僧人的服装也加以具体的规定，这种严苛的政治环境，限制了禅宗的自由，切断了禅宗与其群众基础的联系，导致了禅宗的自然衰亡。

明初著名的禅师多出自临济宗。最有影响的是楚石梵琦（1296—1370 年）。他得法于元叟行端，是大慧宗杲的五世法孙。有国初"第一宗师"之称。明中叶以后，有笑岩德宝（1512—1581 年），得法于龙泉寺之无闻明聪禅师，是中峰明本的八世法孙。笑岩德宝是明代最著名的禅师之一。德宝提倡"念佛禅"，以念佛来取代参禅，主张默念"阿弥陀佛""如此用心，不消半年一载，话头自成"。

他说："净心一志念道……念道即是念佛，念佛即是念自心，自心能成自己佛。"

笑岩德宝门下有幻有正传（1549—1614 年），正传门下又有密云圆悟、天隐圆修和雪峤圆信三位各传禅于一方的名僧，在当时被称为"临济中兴"。

曹洞宗在元代的代表人物北方有万松行秀（1166—1246 年），南方有天童如净（1163—1228 年），两位禅师被称为曹洞宗的两大宗匠。到了明代，著名的禅师则是无明慧经（1548—1618 年）及其弟子博山元来（1575—1630 年）和鼓山元贤（1578—1657 年）。但总的看，随着佛教在入宋以后的衰落，禅宗在明清时期，已开始出现颓败的情景。清世宗雍正在一道上谕中批判当时"师以盲传，弟以盲受。人人提倡宗乘，个个不了自心。岂不使正法眼藏、涅槃妙心垂绝如线？……甚至名利熏心，造大妄语，动称悟道，喝佛骂祖，不重戒律，彼此相欺，卖拂卖衣，同于市井！……虽宗徒愈盛，而宗旨愈泯矣"！

　　世宗的这道上谕，揭示了当时禅学走向没落的情形。明清时期，出现了各种灯录和语录，禅学进一步文字化和义理化。许多著名的禅师，也都倡导禅净合一、禅净双修，禅宗出现了归向净土宗的倾向。宋明时期理学盛行，禅学开始依附于理学，佛教同儒道融合，在禅儒一致、三教合一的思想文化发展趋势中，禅学完全丧失了自己的独立性而走向没落。

　　尽管如此，中国禅学的文化精神，早已融入了传统文化思想之中，并对中国人的思想、情感和生活产生了深刻的影响。

中国古代哲学思想

三、中国禅学的特点及影响

（一）禅宗的“悟”

"禅"经过禅宗的洗礼，实现了一种革命性变革，原始面貌全非。其显著的变化大致有二：

禅修的方式，由静坐扩大到坐卧住行一切方面，举手投足，瞬目转睛，无不是禅，从而将日常生活全部禅化。近自待人接物，一草一木，大到国家天下世界，都被赋予了禅的意义。

在中国佛教学者中，最早提出"顿悟成佛"说的是鸠摩罗什高足之一的东晋佛学家竺道生。他因倡导涅槃佛性论，而有"涅槃圣"的美称。竺道生为"顿悟"定义说："夫称顿者，明理不可分，悟语极照。以不二之悟，符不分之理，理智兼释，谓之顿悟。"

竺道生由理的遍在不可分性提出悟必为顿悟，又以众生本具佛性作为可以顿悟的依据。在《景德传灯录》《五灯会元》等众多灯录、僧传中所记述的众多禅师，无不有开悟证道的经历。

对于悟的特征，禅学中人曾有过不少描述，其强调的共同点莫过于"言语道断，心行处灭"之说，这似乎与大乘佛教所追求的无分别智是一致的，禅学中人的诸多言论也更强化了这一看法。《坛经》曾指出，"若不得自悟，当起般若观照，刹那间，妄念俱灭，即是自真正善知识，一悟即知佛也，……若识本心，即是解脱，既得解脱，即是般若三昧"。

禅学对佛学教义的把握并非义学式的，而是具有借教悟宗的特点，参禅者开悟时称其感受为"如人饮水，冷暖自知"，这成为禅师悟感的典型表述。

据《五灯会元》记载，德山宣鉴曾"精究律藏，于性相诸经，贯通旨趣。常讲《金刚般若》，时人谓之周金刚"。一日，德山遇一卖点心老妇，欲买充饥，老妇问他："《金刚经》道，过去心不可得，现在心不可得，未来心不可得，未

中国禅学

审上座点那个心?"德山一时语塞,后投到龙潭崇信禅师门下。某夜,德山参毕辞师出门,刚出门,却回曰:"外面黑,潭点纸烛度与师,师拟接,潭复吹灭,师于此大悟。"

大珠慧海指出,禅修无非"饥来吃饭,困来即眠",是自然而然的。但此举并非等同世俗,"禅悟"要达到"终日吃饭,不曾咬着一粒米;终日穿衣,不曾挂着一缕丝"的地步。在禅学看来,所谓看山不是山,看水不是水的感受,只是禅悟的某个阶段的境界,其最高境界仍要求视山为山,视水为水。

(二) "德山棒"与"临济喝"——禅门的开示与印证

在禅宗祖师看来,佛性本是遍满世间万物,然而又是超越世间的诸法。故而我们用一般世间法的言语是无法理解、表达这种佛性的。日常的言语只是用来指月的手指,用来登岸的舟筏,但绝对不是月与彼岸本身。为了防止某些人误以指、筏为月、岸,故而很多禅宗的大德,要求"夫参学者,须参活句,莫参死句"。也即是在参悟过程之中,不能将言语这种工具性的有为法绝对化,这样就会成为"文字障"。一切工具性的手段也包括禅师之间的对答法语,都只不过是实现解脱和悟道的手段,推而广之,"棒喝讥呵,戏笑怒骂,以至风声雨滴,朝明夕昏"都是活句。

慧能以后形成禅学五宗分化时,行脚参禅、云游四方成为流行的风尚,为

了适应交流禅法的普遍要求,各家都对应机接物中语言运用的方法进行了总结,虽然在禅学理论方面并无重大的发展,但都继承了《坛经》随机施教的教学传统,并且形成了各具特色的接引门风,根据学人的不同根机和修行程度,采取不同的开示方法。

德山宣鉴与临济义玄在接引弟子时,便常用"棒喝"的方法,世有"德山棒,临济喝"之称,这就是成语"当头棒喝"的出处。

德山宣鉴在青原系中,尤以棒打最为著名,他的名言是"道得也三十棒,道不得也

三十棒"，充分显示出禅风的峻烈。

临济宗的禅风同样峻烈辛辣，自古有"临济将军，曹洞士民"之说。在禅史上，"临济喝"最为著名。《人天眼目》中说："临济宗者，……虎骤龙奔，星驰电激……卷舒纵擒，杀活自在。""要识临济宗么？青天轰霹雳，陆地起波涛。"

临济有所谓"四喝"——"有时一喝如金刚王宝剑，有时一喝如踞地金毛狮子，有时一喝如探竿影草，有时一喝不作一喝用"。

临济宗在勘验学人根机、随机开导方面形成了较为成熟的方法，从而使此宗得以长期延续。

由于当时禅法交往中机语的大量使用，勘验学人水平颇为不易。如临济应机多用喝，"会下参徒亦学师喝"。针对此种情况，义玄明确强调学人要有辨识机语的能力。他说："汝等总学我喝，我今问汝：有一人从东堂出，一人从西堂出，两人齐喝一声，这里分得宾主么？汝且作么生分，若分不得，以后不得学老僧喝！"

除棒喝外，禅宗常用的身体语言还包括擎拳、竖指、扬眉、瞬目、执拂、脚踏、手斫等等。动作语的使用实际上非常普遍，并不限于临济一家。如沩山灵佑在百丈怀海门下参学时，一日，百丈指一净瓶问："不得唤作净瓶，汝唤作什么？"沩山灵佑不答一言，一脚踢倒净瓶，从而得到了百丈的认可。动作语显然是禅学很有特点的交流方式。

据《五灯会元》的记载，云门文偃曾上堂道："涵盖乾坤，目机铢两，不涉世缘，作么生承当？"众无对，文偃代众曰："一镞破三关。"此后，文偃的弟子德山缘密将此析为三句，他曾上堂道："我有三句语示汝诸人，一句涵盖乾坤，一句截断众流，一句随波逐浪。作么生辨？若辨得出，有参学分；若辨不出，长安路上辊辊地。""云门三句"由此定型。

在勘验学人方面，临济宗提出了"四宾主"说，按照义玄的论述，教学中可能存在的四种情况：一是"客看主"，即学人的见识超过老师，老师有所执著还不懂装懂。二是"主看客"，指老师的见识超过学人，学人对其执著难以放弃。三是"主看主"，老师和学人都是行家，两相投机。四是"客看客"，即老师和学人都是外行却自以为是，互相卖弄。

在临济宗人看来，参学者的执迷不外人、法二执，而其深浅又有不同，因此有"四料简""四照用"等方法分别加以对治。"四照用"是针对"四料简"所提出的四种教学目的采用的具体方法，其中"照"指禅机问答，"用"指棒喝等动作语言。

针对我执严重的人，要先破除其对"我"的执著，即"夺人不夺境"；对法执严重的人，要"夺境不夺人"，即先破除对法的执著；对人执、法执都很严重的人，即具有一定基础的修行者，不仅是人、法二执，而是一切执见都要消除，包括求得解脱的念头在内，要做到一丝不挂，对修行者要悬崖撒手，使其彻底消除执见，要"人境俱夺"；对于法、我均不执著的人，即"人境俱不夺"。这就是临济宗的"四料简"说。

为了破除学人的人、法二执，具体要采用"四照用"法。义玄说："我有时先照后用，有时先用后照，有时照用同时，有时照用不同时。先照后用有人在；先用后照有法在；照用同时，驱耕夫之牛，夺饥人之食，敲骨吸髓，痛下针锥；照用不同时，有问有答，立宾立主，合水和泥，应机接物。"

可见，在勘验、施教等教学环节中，始终离不开禅机的应用。禅机的普遍使用，使得禅学的教学活动具有随机施教的特点，这对于禅学的推广和发展起到了很大的作用。

（三）文字禅——"公案禅"与"看话禅"

随着时间的推移，禅师们在参禅实践中产生了大量的法缘机语，这些言行经过辗转流传而被记录下来，到宋代已积累很多，有人专门将其汇集整理而形成了语录、灯录等著作。其中一些著名禅师的言行还被专门提出来，作为判定

参禅者言行是非的标准，这就是公案。相应也出现了对公案中机语进行分析评判的著作，圆悟克勤所撰《碧岩录》就是这方面的集大成之作，这部著作的形成，标志着禅学已由不立文字转向了大肆制作文字的阶段，标志着文字禅的形成。

按照禅学的说法，佛陀在将禅法传予迦叶尊者时

曾宣称："吾有正法眼藏，涅槃妙心，实相无相，微妙法门，不立文字，教外别传，付嘱摩诃迦叶。"由此，"不立文字"成了禅学在语言观方面的基本主张。但是，在禅法传授的实践中，语言文字的交流是不可避免的，使得禅学不得不为语言文字的使用略开方便之门。机语的含义都不能根据其字面意义来把握。

比如学佛者问"祖师西来意"这一相同的问题时，禅师往往会作出许多离奇怪诞的答案，据记载有二百三十多种。

僧问："如何是佛法大意？"师（青原行思）曰："庐陵米作什么价？"

仰山问："如何是祖师西来意？"师（沩山灵佑）指灯笼云："大好灯笼。"

问："如何是祖师西来意？"师（赵州从谂）曰："庭前柏树子。"

在语言风格上，禅师的答问也具备了许多奇特的形式。

问："柏树子还有佛性无？"师（赵州从谂）曰："有。"曰："几时成佛？"师曰："待虚空落地时。"曰："虚空几时落地？"师曰："待柏树子成佛时。"

问："如何是西来意？"师（临济义玄）云："若有意，自救不了。"云："既无意，云何二祖（指慧可）得法？"师云："得者是不得。"

有的甚至用单字：

问："如何是禅？"师（云门文偃）云："是。"进云："如何是道？"师云："得。"问："父母不听不得出家，如何得出家？"师云："浅。"进云："学人不会。"师云："深。"

另外，有的机锋语言本身，表达了禅师的生存感受，具备了独特的禅境与美感。比如云门在回答"如何是佛法大意"时答道，"春来草自青"；德山绍晏禅师在回答"如何是祖师西来意"时答道，"桃源水绕白云亭"；隆庆庆闲禅师在回答"如何是汝生缘处"时答道，"早晨吃白粥，如今又觉饥"。宣州刺史陆亘大夫问南泉："古人瓶中养一鹅，鹅渐长大，出瓶不得，如今不得毁瓶，不得损鹅，和尚作么生出得？"泉云："大夫！"陆亘应诺。泉曰："出也！"陆亘由此开解，"即礼谢"。

由于禅学新经典的产生，语录、公案也就成了禅僧教禅和学禅的基本资料，随着禅僧们对机语的熟悉和掌握，禅机的运用也被推向了一个新的水平，即互斗机锋。斗机锋就是在禅法交往中，双方完全以机语往来对答，以机语决高下胜负。

在修禅方法方面，禅宗还提出了"参话头"。克勤门下的大慧宗杲禅师所主张的"看话禅"可谓是开一家风气之先河。

所谓"看话禅"，又作"看话头""话头禅""机关禅"等，就是参看古代禅师旧有的话头公案，就其中一则古人的话头，历久参究来作为开悟门径的一种观行参禅方法。

比如，宗杲提倡参究的话头有"一口吸尽西江水""东山水上行""庭前柏树子""麻三斤""干屎橛""狗子无佛性"等。

最常参的是"狗子无佛性"。最先提出参这一话头的是黄檗希运。他曾说："若是个丈夫汉，看个公案。僧问赵州（从谂）：狗子还有佛性也无？州云：无。但去二六时中看个无字。昼参夜参，行住坐卧，著衣吃饭处，阿屎放尿处，心心相顾，猛著精彩，守个无字。日久月深，打成一片。忽然心花顿发，悟佛祖之机，便不被天下老和尚舌头瞒，便会开大口。"

"看话禅"经宗杲的提倡而广为流传，成为宋代以后禅学的主流之一。

（四）"呵佛骂祖"与"丹霞烧佛"

由于体悟境界的不同，禅师往往有许多惊世骇俗的言论和举动。比如德山宣鉴有言："……这里无祖无佛。达摩是老臊胡，释迦老子是干屎橛，文殊普

贤是担屎汉，等觉妙觉是破执凡夫，菩提涅槃是系驴橛，十二分教是鬼神簿、拭疮疣纸。四果三贤、初心十地是守古冢鬼，自救不了。"

除此之外，禅宗另外一些著名的公案还有——临济慧照禅师上堂云："赤肉团上有一无位真人，常从汝等诸人面门出入，未证据者看看。"进僧出问："如何是无位真人？"师下禅床，把住云："道！道！"其僧拟议，师托开云："无位真人是什么干屎橛！"便归方丈。

此公案被很多临济宗僧人所引用、化用。临济一派其宗风就是如此酷烈，故而临济义玄甚至有"尔欲得如法见解，但莫受人惑。向里向外，逢着便杀。逢佛杀佛，逢祖杀祖，逢罗汉杀罗汉，逢父母杀父母，逢亲眷杀亲眷，始得解脱，不与物拘，透脱自在"。

世尊初生下，一手指天，一手指地，周行七步，目顾四方云："天上天下，唯我独尊。"师（文偃）云："我当时若见，一棒打杀，与狗子吃却，贵图天下太平。"

另一有名的公案是丹霞烧佛：（丹霞天然）于慧林寺遇天大寒，取木佛烧火向。院主诃曰："何得烧我木佛？"师以杖子拨灰曰："吾烧取舍利。"院主曰："木佛何有舍利？"师曰："既无舍利，明日更取两尊烧。"

临济义玄本人引用前人成句解释说："如来举身相，为顺世间情。恐人生断见，权且立虚名。假言三十二，八十也空声。有身非觉体，无相乃真形。"

这几句的意思是说，如来是为了顺应世间人的情感，不得不暂立个虚名。只有无相无形，才是如来的"觉体"和"真形"。如果执著于佛的"名"与"相"，仍不算彻悟。

但是，"呵佛骂祖"这种激烈的禅风，不用说同别的佛教宗派相比，即使是在禅宗内部，对这种放浪不羁的做派，也有争论。比如元代的高峰元妙禅师，持戒谨严，他反对丹霞的做法。他说："丹霞烧木佛，为寒所逼，岂有他哉！若作佛法商量，管取地狱如箭。"他的意思是说，丹霞因天冷烧木佛，有其特殊的原因，如果主张用这件事来参悟佛法，便是落地狱的罪过。

（五）"平常心是道"——禅师的超脱与入世

"平常心是道"，是马祖道一提出来的。他强调从当下的一举一动、一言一行中证悟自己本来是佛，任身心自运，自然自在。

马祖曾开示众人说："若欲直会其道，平常心是道。谓平常心？无造作，无是非，无取舍，无断常，无凡无圣。"他提出"行住坐卧，应机接物，尽是道"。

百丈怀海发展了马祖的思想，他主张一切无求。"不求佛法僧，乃至不求福智知解。"他认为，每个人自己即是佛，如果再求佛，好比"骑牛觅牛"。大安禅师未悟时问百丈："学人欲求识佛，何者即是?"百丈说好比"骑牛觅牛"。大安又问："识得后如何?"百丈说："如人骑牛至家。"

六祖慧能最早曾强调，佛法与世间不即不离："佛法在世间，不离世间觉；离世觅菩提，恰如求兔角。"

赵州从谂禅师也提倡"平常心是道"，认为开悟后之境界实与开悟之前并无不同，不过与日常穿衣吃饭依旧浑然一体。

问："如何是平常心?"师曰："要眠即眠，要坐即坐。"曰："学人不会，意旨如何?"师曰："热即取凉，寒即向火。"

明初著名的禅师楚石梵琦曾说："和尚子莫妄想，起心动念是妄想，澄心息念是妄想，成佛作祖是妄想。往往将妄想灭妄想，无有了期。"他的《明真颂》中说："禅师不假多知，饥餐渴饮随时。……十二时中快乐，谁能似我无忧?"

那么这种对于日常生活的回归，就必然带来对其超脱性的质疑，亦即既然完全回归到了平常的状态，那么禅悟者和凡俗人的生活又有什么区别呢?

这里我们还是来看看禅师对此种质疑的回答——源律师问："和尚修道，还用功否?"师（大

中国古代哲学思想

珠慧海）曰："用功。"曰："如何用功？"师曰："饥来吃饭，困来即眠。"曰："一切人总如是，同师用功否？"师曰："不同。"曰："何故不同？"师曰："他吃饭时不肯吃饭，百种须索。睡时不肯睡，千般计较，所以不同也。"

也就是说，禅师所追求的平常之道与凡俗日常仍有很大的不同。可以以青原惟信有名的"三重境界"来比喻——"老僧三十年前未参禅时，见山是山，见水是水。及至后来，亲见知识，有个入处，见山不是山，见水不是水。而今得个休歇处，依前见山只是山，见水只是水"。

（六）中国禅学的影响

禅宗在中国佛教各宗派中流传时间最长，至今仍绵延不绝。它在中国哲学思想上也有着重要的影响。胡适曾言："……禅宗是一种运动。是中国思想史、中国宗教史、佛教史上一个很伟大的运动，可以说是中国佛教的一个革新运动，也可以说是中国佛教的革命运动。"

宋、明理学的代表人物如周敦颐、朱熹、程颐、程颢、陆九渊、王守仁都从禅宗中汲取营养。禅宗思想也是近代资产阶级思想家如谭嗣同、章太炎建立他们思想体系的渊源之一。

中国禅学对外传播亦甚广泛，影响深远。8世纪，新罗僧信行入唐从神秀受法，将北宗禅传至朝鲜。道义从马祖弟子智藏受法，回国传入南宗禅，称禅寂宗，后改称曹溪宗，为朝鲜禅宗主流。12世纪末，日本僧人荣西入宋，受法于临济宗黄龙派虚庵怀敞，将此宗传入日本，称千光派。俊荷受杨岐派禅法，回国弘传。南宋末年，中国禅僧有很多东渡日本，传杨岐派禅法。13世纪，日本僧人道元来华，学习曹洞宗禅法。回国后，成为日本曹洞宗的创始人。17世纪，福建黄檗山万福寺隐元隆琦应邀赴日本弘法，设坛传授禅戒，成为与曹洞、临济并列的黄檗宗，至今不衰。

中国古代哲学的总结者——王夫之

　　王夫之，字而农，号薑斋，湖南衡阳人，晚年居住在衡阳石船山，因此世人又称他为"船山先生"。王夫之学问渊博，对经学、史学、文学都有深入的研究，尤其在哲学方面，他继承了中国古代唯物主义和辩证法思想，并在其基础上综合自己的认识成果，创立了朴素的辩证唯物主义哲学理论体系。作为杰出的学者，他与顾炎武、黄宗羲被后世并称为明末清初三大思想家。

一、王夫之生平及著作

王夫之生于明朝万历四十七年（1619年），卒于清朝康熙三十一年（1692年），这是一段特殊的历史时期。政治方面，先是明朝腐朽的封建统治激化了阶级矛盾，农民起义风起云涌，接着是清军入关，全国政治一片混乱；经济方面，社会中出现了一些具有资本主义性质的因素，商业、手工业和农业逐渐发展起来，科学技术也有很多新的成就；思想方面，受政治和经济的影响，批判宋明理学成为大家共同的倾向，经世致用的思潮逐渐兴起。在这样特殊的历史条件下，王夫之度过了他顽石般不屈不挠的一生。

（一）不凡的青少年时代

王夫之出生于湖南衡阳一个没落的地主知识分子家庭，父亲王朝聘、叔父王廷聘以及伯兄王介之都是研究儒学的耿直之士，这使得他从小就受到儒家的传统教育。四岁时，王夫之就开始跟随比他大十二岁的伯兄王介之读书，到七岁时，就已经读完了"十三经"，"十三经"篇幅浩大，仅正文就有百万余字，对一般人来说都深奥难懂，何况王夫之当时还只是一个孩童，从四岁到七岁就能读完"十三经"，说明王夫之的理解力实在惊人。到十岁时，王夫之开始跟随父亲学习经义，阅读古今经义数万篇。经义是当时科举考试所用的文体之一，王夫之用心学习经义，说明当时他是比较倾心于走科举这条道路的，他从十五岁起就参加每三年一次的科举考试，虽多次失败，求学的过程却从未间断：在

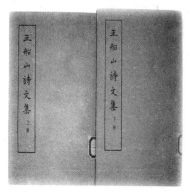

叔父王廷聘的指导下，王夫之十六岁开始学习声韵，读了大量的诗歌，十九岁开始读史书，二十岁时游学于岳麓书院，阅览大量书籍。二十四岁那年，王夫之终于在乡试中取得名次，却被席卷全国的农民起义阻断了去北京会试的道路，政治的动乱从此拉开序幕，王夫之通过科举进入仕途报效国家的希望就此破灭了。留

恋科举的同时，王夫之并不像其他儒生那样"两耳不闻窗外事，一心只读圣贤书"，他十分关心时局的动荡，对结社也有很大的热情。从岳麓书院求学开始，王夫之先后参加和组织了"行社"、"匡社"和"须盟"，结交了很多好友，在结社活动中展现了匡扶社稷的志向。纵观他的青少年时代，不仅博览经史子集，在文学、史学、哲学等方面都有很高的起点，还迈向社会，明白了国家民族大义，为他后来的哲学思想打下坚实的基础。

（二）关心政治变动，为抗清斗争出谋划策

王夫之科举被阻后，张献忠领导的农民起义军攻陷了衡州，曾想用强制手段招纳王夫之。受传统儒家思想影响，王夫之认为农民起义军是犯上作乱的"贼"，自己坚决不能屈从。于是，王夫之躲到附近的黑沙潭，避开了起义军的招纳。在此期间，他还作了《九砺》抒发自己的心情。这一年十一月，明军进攻张献忠的起义军，起义军失败离开湖南，王夫之才得以还乡。1644年春天，李自成领导的起义军攻破北京，崇祯皇帝自杀，这使王夫之悲痛不已，还为此作了《悲愤诗》一百韵。从这两次遭遇中留下来的作品看，王夫之是站在与农民起义军对立的地主阶级立场上的。但是，随着社会形势的变化，他的这一思想逐渐发生了转变。

崇祯帝自杀同年，吴三桂引清兵入关，清兵占领北京城后又迅速占领了大半个中国，明朝将士纷纷南逃，并在南京拥立朱由崧为帝，成立弘光政权。政权初成立时，清军势力还不大，弘光政权所统辖的军队至少有五十万人，加上全国人民的抗清热情，是有希望反击的。但是，南明政权却把矛头指向了农民起义军，给了清军可乘之机。1645年4月，清军攻入南京，弘光政权灭亡。此后，南明出现了两个并峙的政权：绍兴的鲁监国和福州的隆武政权。由于清军南下进攻时的极端残暴，人民反抗民族压迫的斗争风起云涌，与此同时，南明政权仅左良玉在湖北的部队就有八十万人马，还有一支李自成旧部义军五十万人马，在这样的形势下，如果南明政权能以国家利益为重，团结一致，共同抗清，还是有可能转败为胜的。可是，这两个政权内部却为了争权夺利互相斗争，避开清军锋芒各自为战，猜忌、排挤农民起义军，让清军得以坐收渔翁之利。这种严峻的形势，王夫之当然十分关心，他经常到外面活动打听抗清作战的消息。他在弘光和隆武两个政权覆灭后都续写过一百韵《悲愤诗》，表达他的愤恨。悲愤之余，更多的是焦虑，王夫之看到各部队将领不能互相配合，部署不周密，后勤供给也布置得不够妥善，还了解到驻扎湖南的何腾蛟与驻扎湖北的堵胤锡两名将领之间有私人恩怨，考虑到两湖地区在抗清斗争中的重要战略地位，王夫之十分担心二人的私怨会影响战争的大局。于是，王夫之于1646年3月从衡阳出发，到湖北巡抚章旷营中提出了自己的建议，请章旷出面调和何、堵二人的矛盾，并与农民起义军协同作战，还提出了一些后勤供应的建议。但是，章旷认为何、堵二人之间并无矛盾，没有采纳王夫之的意见，他联合各方力量抗清的计策没能实现。从这次给军队的提议中可以看出，虽然王夫之对农民起义军仍有偏见，却能肯定农民起义军在抗清斗争中的重要作用，认识到社会矛盾的实质，这对他以后的哲学思想有重要影响。这次提议以后，他的夫人陶氏病死，王夫之也意识到自己人微言轻，只好把自己的心情寄托在研读书籍上，开始研究《周易》。

(三)三赴永历政权

1646年10月，永历政权在广东肇庆成立，这给处在悲痛和绝望中的王夫之带来了希望。第二年春天永历政权在刘承胤的劫持下迁至武冈，王夫之听说后非常兴奋，就和好友夏汝弼奔赴武冈，走到车架山附近时被大雨阻隔，他们

饥寒交迫，幸亏得到别人帮助才存活下来。这期间，局势变得更加严重，清军攻陷了衡阳，王夫之全家逃散，父亲和两个叔叔相继在离乱中去世，等他料理完丧事，永历政权也已转移。他为家人守丧的同时，一面潜心研究《周易》，一面关注着时局的发展，期待着一个有利于明朝匡复社稷的时机。1648年，全国抗清形势发生好转，王夫之大受鼓舞，为配合各地战争，他和夏汝弼等人毅然发动了衡山起义，却以失败

告终，为避免敌人追捕，王夫之再次投奔永历政权。这次，王夫之对永历政权存有很大希望，认为那里一定上下一心为恢复失地而斗争，自己可以施展抱负。但当他到达当时政权所在地肇庆时，却只看到政权内部的派系斗争和腐败，大失所望，决定返还家乡，等待时机再为国效力。1649年春，清兵攻陷湖南全境，王夫之遭到迫害，母亲谭太夫人担心儿子的安全，让他早日离开衡州，王夫之又一次投奔永历政权，掌管传旨、册封等礼仪。这期间，王夫之与郑氏结婚。后来，永历政权内部派系斗争加剧，王夫之为营救被诬陷下狱的金堡，三次上书弹劾王化澄，被王陷害，几乎丢掉性命，幸亏得到起义军将领高一功营救，才与夫人逃亡到广西桂林。

伟大思想家王船山

（四）在流亡中投身理论创作

王夫之逃到桂林后不久，局势更加混乱。兵荒马乱中，王夫之又得知母亲病倒，就在清兵逼近桂林时带着妻子侄儿返回家乡衡阳，途中遭遇种种艰难，几乎丧命，但等他到家，母亲早已去世。这段时期，丧母之痛和民族灾难，都使王夫之的精神十分抑郁，加上无法跨越战火继续追随逃奔南宁的永历政权，王夫之只好在家中教子读书。1652年，李定国率领起义军收复大片失地，曾派人召请王夫之为抗清效力，那时南明政权已被野心家孙可望把持，王夫之考虑到孙可望不会有所作为，没有应召前往，后来的事实证明，孙可望果真是一个民族败类。第二年，孙可望嫉妒李定国的赫赫战功，密谋诱杀李定国，李定国被迫撤离湖南，清朝恢复了在湖南的统治，对一些怀有异心的明臣严加追捕。在这种情况下，王夫之改名为瑶人，和妻子避居于湘南地区，过着极其艰难的流亡生活。这期间，他一边为学生讲授《春秋》，一边进行理论创作，在1655年，也就是王夫之三十七岁那年完成了他的第一部理论著作《老子衍》，并开始撰写他哲学体系的奠基之作《周易外传》，第二年又完成了政论书《黄书》的创作。在《黄书》中，王夫之怀着悲痛的心情总结了明王朝失败的教训，并揭露了社会矛盾，批判了封建专制制度，这些初步体现了他的民主思想。1657年，清政府已经基本巩固了它所占领地区的政权，就一方面攻打永历政权占据的云贵地区，一方面收买人心"大赦天下"，在这种情况下，湖南的社会秩序相对安定下来，王夫之和家人回到之前在衡阳筑成的续梦庵居住，他缅怀祖先，写下了《家世节录》，两年后又移居湘西金乡高节里的"败叶庐"居住。这两年内，虽然湖南相对稳定，清军却正加紧对永历政权的进攻。1659年，清军将永历追至缅甸，缅甸王在吴三桂重兵逼迫下交出永历帝，1661年，永历政权覆亡。同年，妻子又患病身亡，留下年幼的儿子王敔，一连串的打击让王夫之悲痛不已。

永历政权覆亡后，王夫之一心投入理论创作，把自己的全部智慧投入到哲学和社会政治问题上的探索。1663年，也就是王夫之四十五岁时，他写成《尚书引义》，用五十篇短文发挥了自己的哲学思想，论述了天人关系，改造了佛学中的能所观，探讨了知行、义利、理势、名实等哲学范畴。四十七岁时，王夫之又完成了写作多年的《周易外传》，对古代唯物论和辩证法作了创造性发挥，通过道器、易象、体用等范畴论证了世界的物质性，通过动静、常变等范畴回答了世界的存在形式，还提出了很多其他有意义的命题，这本书是他早年哲学理论的奠基之作。同年，王夫之还完成了《读四书大全说》的创作，该书以四书的篇目为序，借其中的一些命题发挥了自己的哲学思想，运用辩证观分析了格致、知行关系，提出理势相成的历史观，同时批判了程朱理学的唯心论。此外，他还根据自己的教学讲稿编撰成《四书训义》，论证了很多哲学上的问题。这些书都是王夫之重要的哲学著作。但是，王夫之此时的创作环境是异常艰苦的，清政府政权得到巩固后，加大了对思想文化领域的控制，以残酷的手段镇压反清知识分子。王夫之作为明朝遗民，坚守民族气节，不愿向清政府低头，几乎被人控告，为避免遭人横议，他四十九岁那年躲避到湘乡居住，生活非常艰苦，有诗为证："短襟自寒，朔风摇缸。岁暮薇枯，饥谁与同。"在这样艰苦

的条件下，他完成了《春秋家说》《春秋世论》的创作，并将自己三十岁以后的诗作编成《五十自定稿》。五十一岁时，王夫之续娶夫人张氏，并迁入新筑的草屋"观生居"居住，生活才稍感安适。这一年，他又完成了《续春秋左氏传博议》，该书和前两部春秋都是引古讽今的评史论政之作，王夫之敢于在这样危险的环境中毫不畏惧地写这样的书，可见其坚持创作的战斗精神。五十三岁时，他写成

了《诗广传》，借《诗经》中的词句引申发挥，内容涉及文学、哲学、政治、伦理各个方面。五十五岁，王夫之又写成《礼记章句》，这一年是 1673 年，正是三藩之乱发生的时候。虽然他未拒绝跟随吴三桂造反，但从一些史料中可以推断，王夫之曾在这段时期四处出游，以他对清政府的态度，可能是想借机反清。清政府当然也注意到了他的活动，以为他与吴三桂父子有关。为避免招来猜疑，王夫之在五十七岁那年冬天迁居到石船山，新筑房舍"湘西草堂"居住，从此结束了流亡生活，定居下来。

（五）僻居荒山、著述终老

虽然王夫之在二十多年的流亡生涯中笔耕不辍，坚持完成了很多创作，但他大多数的作品还都是在晚年定居后完成的。五十八岁时，王夫之写成《周易大象解》，这是王夫之易学研究的重要成果之一，对孔孟思想多有继承发展。此后，王夫之又陆续完成《祓禊赋》《永历实录》《庄子通》等重要作品。其中《永历实录》主要记录了永历政权十六年间的历史，《庄子通》则是借《庄子》各篇中的某些命题发挥自己哲学思想的著作。

王夫之六十三岁时，三藩之乱被彻底镇压，康熙皇帝因政权稳固，放松了对知识分子的政策，这就给了王夫之的创作提供了一个比较安静的客观环境，使得他迎来了创作的高峰期，在人生的最后十年里完成了许多具有新颖见解的学术著作。六十四岁时，王夫之写出《说文广义》和论述封建制度改革的政论著作《噩梦》，两年后又完成《俟解》一书，论述了政治道德修养。六十七岁时，王夫之写成《楚辞通释》《周易内传》及《周易内传发例》，其中《周易内传》总结了历来对《周易》的解释，关于阴阳、动静、理欲等哲学内容均有精彩论述。次年，《思问录》《张子正蒙注》成书，《思问录》是一部成熟的哲学和科学笔记，分内外篇，内篇涉及很多哲学问题，外篇则是涉及科学问题；《张子正蒙注》对张载的《正蒙》作了多方面阐发。这些书构成了王夫之哲学理论体系的重要组成部分。六十九岁时，王夫之写成《读通鉴论》，根据司马光《资治通鉴》评论历代政策、人物、史实等，系统地阐述了自己的历史观和政治主张。步入七十高龄后，王夫之还先后完成了《南窗漫录》《自题墓石》《夕堂永日绪论》等重要作品，值得一提的是他七十三岁写成的《宋论》一书，借宋朝的失败抒发思念故国之痛，其爱国之情可见一斑。1692 年，七十四岁的王夫之逝世于湘西草堂，结束了他历尽艰辛的一生。

王夫之一生给后人留下了丰富的精神财富。被清朝统治的四十多年里，王夫之为寻求民族复兴，寄希望于未来，写下了一大批永垂史册的著作，它们从多角度反映、总结了时代的思想，在不同的领域都有杰出贡献，尤其是哲学领域，他的贡献尤其突出。像文中提到的《周易外传》《周易内传》《尚书引义》《张子正蒙注》《读四书大全说》《思问录》《老子衍》《庄子通》《礼记章句》《续春秋左氏传博议》《春秋世论》《读通鉴论》等，都是他的重要哲学著作，王夫之将辩证唯物主义发展到前所未有的高度，可以称得上是我国古代唯物论的大哲学家。本章总结了王夫之的哲学著作，将他的哲学思想系统地分为唯物论、辩证法、认识论、人生观、历史观等几个部分，希望能和读者一起加深对王夫之哲学思想的认识。

二、唯物主义思想

王夫之是一个彻底的唯物主义者，他认为世界是物质的，物质是第一性的，观念意识和规律法则等都从属于物质，不能离开物质独立存在……王夫之从多个角度论证了他的唯物主义思想，把我国古代唯物主义哲学推到了高峰。

首先，关于世界的本原问题，王夫之继承了张载"太虚无形，气之本体"（《正蒙·太和》）的思想，创造性地提出"太虚一实"（《礼记章句》）的观点，指出宇宙是由气构成的物质性实体，"阴阳二气充满太虚，此外更无它物，亦无间隙，天之象，地之形，皆其范围也"（《张子正蒙注·太和》），他肯定宇宙间充满了气，除此之外没有其他物质。

王夫之认为，世间有两种气，一种是阴阳未分的太和之气，有实体却没有形态，另一种是凝聚成万物万象的有可见形态的气。因此，世界上的万事万物无论有形无形，都是实在的气构成的，气凝聚在一起就形成物体的形象，人们就认为这是"有"，是存在；气分散开来，形体就隐藏起来了，人们就认为这是"无"，是虚无。实际上，无论气凝聚还是分散，人们能不能看见，它都是客观存在的，世界上没有绝对的"无"，这就否定了那些以虚无为本的哲学，从根本上论证了世界的物质性。

此外，王夫之还论证了气的永恒性，"气有变易而无生灭"，他不承认物质有生灭，只认为物质有往来、屈伸、幽明、聚散、消长、生死等，而这些过程只是气的变易。拿人的生死来说，王夫之认为"《易》言往来，不言生灭……此以知人物之生，一原于二气至足之化；其死也，反而氤氲之和，以待时而复……生非创有，而死非消灭，阴阳自然之理也。"（《周易内传·系辞上传》）这句话的意思就是说，气只有往来而无生灭，人的生不是气的创造，只是阴阳二气的聚合；死也不是气的消灭，只是气又返回到氤氲的原始状态了。他还做了一系列实验，把柴、油等燃尽或加热后得到另一物质形态，以此来证明气有变易而无生灭，在当时的生活条件下，王夫之能利用实验得出这样科学的结论是非常难得的。证明了气的无生灭，也就说明了世间的物质不会随着具体物质形态的消灭而消灭，这就更有力地证明了世界的物质实在性。

除了世界的物质实在性，王夫之还分别对理气、道器、形神、名实、文质等一系列哲学上争论不休的范畴作了唯物主义的阐释，表达了物质第一性的观点，全面地论证了他的唯物主义思想。

"理"与"气"：这里说的"理"即天理、规律、法则，"气"则是物质世界，二者的关系问题是中国哲学史上，尤其是宋明理学家热衷争辩的重要问题。程朱理学家认为，理在气之先，"有理而后有象"（《二程集》）、"所谓理与气，此决是二物"（《朱文公文集》）。王夫之驳斥了理学家的这一观点，提出唯物主义理气论。

首先，王夫之指出在理气中气是第一性的。他解释了理气的内涵，指出气是实在的物质存在，它有规律地变化运动形成各种事物；而理则是气之理，是事物固有的本质和必然规律，它是气运动变化形成的，有客观性和规律性。在《思问录》中，王夫之说道："气者，理之依也。"理依赖于气而存在，这就明确指出，在理气关系中气是第一性的，而理是第二性的，理依附、从属于气。其次，王夫之还认为气为理所制约，在《读四书大全说》中，他说道："天理只在气上见，其一阴一阳，多少分和，主持调剂者，即理也。"气的运动变化都为理所制约，这就是理的主持调剂作用，它使得天地万物有规律地存在。

理需要依存于气才能存在，气也离不开理的制约作用，因此，王夫之又提出"理气一也"（《周易外传》），认为理气是一个统一体，批判了理学家割裂理气的观点。在《张子正蒙注·太和》中，王夫之指出："理在气中，气无非理；气在空中，空无非气，通一而无二者也。"他强调，只要有理在就有气在，因为理依托在气上，气是理存在的载体，没有气便不能有理；同时有气在也就有理

在，气需要理的条理化、秩序化才能成型，二者是不可分割的统一体。在理气的统一关系中，气是物质载体，是第一性的，理是气运行的规律，是第二性的。王夫之通过对理气关系的论证，批驳了唯心主义和理学家的错误观点，建立了唯物主义的理气统一论，肯定了物

（侧栏）中国古代哲学思想

质的根本性。

"道"与"器"：《周易》中提出"形而上者谓之道，形而下者谓之器"的命题，宋明理学家特别重视其中"道"与"器"这对范畴，并用唯心主义解释道，把道和器割裂开来。王夫之对这一现象进行了批判，阐发了唯物主义的道器观。

要全面理解王夫之关于道与器的哲学思想，先要了解他的道与器的内涵："道者，物所众著而共由者也。物之所著，惟其有可见之实也；物之所由，惟其有可循之恒也。"（《周易外传》）这里所说的"可见之实"就是器，"可循之恒"则是道。可见，道就是一切事物的普遍规律，器则是具体事物，因此，道与器的关系，实际上就是普遍规律与具体事物之间的关系。

王夫之批判了前人的许多错误观点，首先，他批判了唯心主义者脱离开器谈道，指出道不在器外，不能离开具体事物而独立存在，道就存在于各种各样的事物之中。此外，他还认为，道与器是统一在事物中的，不能用"形而上"、"形而下"将二者割裂开来。最后，王夫之还驳斥了朱熹等人的"道先器后"论，指出道器同时存在，并无先后之分。

批判了唯心主义，论证了道与器相统一的观点后，王夫之还进一步论证了道与器的主从关系。道与器虽无先后之分，却不是并列存在的，"天下惟器而已矣。道者器之道，器者不可谓道之器也"、"盈天地之间皆器矣"（《周易外传》），天下间除了按规律运动的事物外再无他物，道依据器而存在，而不是器依据道而存在。这就在肯定了世界的物质性的同时，论证了道从属于器的关系。此外，王夫之还说："器与道相为体用之实也；而形而上之道丽于器之中。"（《张子正蒙注》）论证了道器之间有一层"相函"的关系。最后，在道器问题上，王夫之还提出"道莫盛于趋时"（《思问录》），指出道应随着器的变化而变化，为社会改革进步提供了理论基础。

王夫之的理气论和道器论肯定了物质的第一性，从根本上批判了唯心主义，动摇了数百年理学唯心主义的权威，对后来的唯物主义哲学的发展产生了深刻的影响。除了理气、道器这两对与唯心主义针锋相对的范畴外，王夫之形神论、名实论、文质论也是他唯物主义思想的重要组成部分。

"形"与"神"：人永远是哲学探讨的核心问题，中国哲学史上很早就开始探讨人的精神与形体孰为第一性，精神是否会随着形体的灭亡而消失，关于这些问题，王夫之也提出了自己的看法。

他在《张子正蒙注》中说道："气以成形，神以居理。"指出形体是气聚成的物质，精神依附于形体，又有"神者、气之灵，不离乎气而相与为体，则神犹是神也"说明神是阴阳二气的灵性，即精神不能脱离形体而独立存在。因此，形体决定精神，相对于精神来说是第一性的。基于上述观点，王夫之还提出神灭论，在《张子正蒙注》提道："阴阳相感聚而生人物之神，合于人物之身，永久则神随形敝，敝而不足以存，复散而合于氤氲者为鬼。"神产生于形体，随着形体的变化而变化，形体没了，神也就散了，转化为气归于原始，被称为鬼。因此，王夫之认为，世间不存在脱离形体而独立存在的灵魂。

除此之外，王夫之还对形神关系作了辩证分析。他在《周易外传》中提出"形非神不运，神非形不凭……车者形也，所载者神也"，他用车载作比喻，车就像人的形体，车有载的功能就像人有神，神有支使形体的功能。王夫之"形凭神运"的观点承认了精神对形体的反作用，说明他对形与神的观点是唯物、辩证的。

王夫之的形神论否定了神超越形体的独立存在，与这一观点密切相关的是他的无神论思想。在中国古代，很多人把天人格化为具有超能力的神，认为天能主宰人的生活，针对这一观点，王夫之对天作了新的解释。他认为天是客观存在的物质，"天者，固积气者也"（《读四书大全说》），物质的天是没有意识的，没有感情，也不具备分辨是非善恶的能力，更不具备主宰意志，这就否定了天的神性特征。天既然是物质的、客观的，是一种自然现象，人就不应该迷信天的超能力，在天人关系中，人才是具有主动能力的主体，应该尊重客观规律并发挥主观能动作用，"以道事天"（《张子正蒙注》）、"以人造天"（《周易外传》）。这样，王夫之就通过对天的解释和天人关系的探讨阐述了他的无神论思想，批判了神学主宰的天。

"名"与"实"："名"就是事物的概念、名称，"实"则是实在的事物，哲学上关于名实关系的争辩是在孔子提出"正名"这个命题后开始的，

王夫之继承了前人的成果，提出很多新的见解。

首先，针对一些学者离开实谈名，王夫之指出"名从实起"（《周易外传》），"名之所加，亦必有实矣"（《薑斋文集》），认为有了名才能有实，名是根据实产生的，如果没有实的存在，就不可能有什么名。所以，名是反映实的，实是第一性的，而名是第二性的。既然名要反映实，王夫之进一步指出："知其物乃知其名，知其名乃知其义，不与物交，则心具此理，而名不能言，事不能成。"（《张子正蒙注》）我们在给客观事物命名时，必须对事物有所了解，此外，在实发生变化的情况下，名也应跟着发生相应变化，否则，名就跟不上实的变化，不能正确反映实质内容。可见，王夫之的名实论是建立在唯物主义认识论基础上的唯物主义名实论。

虽然肯定了实的第一性，名从属于实，王夫之也强调了名对实的反作用，肯定了二者是相互依存的统一体。他在《尚书引义》中说："名待实以彰，而实亦由名而立。"名依靠实得到彰显，而实也依靠名被社会承认。由此，王夫之提出名实不可偏废，"知实而不知名，知名而不知实皆不知也"。即只知道名、实中的一个都不是真正的知。因为"知实而不知名"的人只是看见了事物的形象，却不能形成一个概念，也就不能了解事物的本质，从而利用他并发挥它的本质作用；而"知名而不知实"的人，只不过是了解了一个空空的概念罢了，更不可能了解事物的本质。我们必须要把名实统一起来，防止这两种情况的发生。

"文"与"质"：这对范畴由孔子最早提出，是哲学、文学以及美学的重要范畴。"质"是实质、形体，属于内容，而"文"是文采，属于外在形式，是重内容还是重形式，这是文学史上的重要问题，王夫之以唯物论为理论指导，从哲学角度对这一问题作了创造性的阐发。

崇尚质实是王夫之在文与质关系上提出的思想前提。他把内容视为形式的主导，在《读四书大全说》中，王夫之说道，"质准其文，文生于质"，"质如皮，文如毛"，"质可生文而文不能生质"，文是在质的基础上产生的，这就回答了文与质中质才是第一性的，驳斥了文质混同、文决定质的观点。

比前人进步的是，王夫之在看到质的第一性的同时，还看到了文对质的反作用，全面发挥了孔子"文质彬彬"的观点。前人也大多肯定文质不能偏废，王夫之则是在内容决定形式的基础上，承认形式对内容有反作用，辩证地看到了文对质的能动性，提出"文以昭质"（《读通鉴论》）。"昭"的意思是显著、光耀，王夫之认为文能完善质的内容，光耀质的含义，对质有积极作用。事实上，王夫之还没看到文对质的消极作用，这是他关于文质理论的缺失之处。

名与实、文与质这两对范畴，对应了现代术语中的形式与内容，《大儒列传王夫之》一书中用一句话总结了王夫之的名实观与文质观"因名以劝实，因文以全质"，可见王夫之哲学中实对名、质对文的决定作用，从另一角度肯定了物质第一性。

综上所述，王夫之从本原出发论证了世界的物质实在性，并通过论证理气、道器、形神、名实、文质等哲学范畴的辩证关系，批判了唯心主义的错误倾向，全面表达了物质第一性的观点，将唯物主义思想发展到顶峰，对后来的哲学产生了重要影响。

中国古代哲学思想

三、辩证法思想

　　王夫之从世界的本原、理气、道器、形神、名实、文质等多方面论证了物质第一性，那么，这些物质是以何种形式存在的呢？王夫之不仅回答了世界是运动变化的，还阐明了物质运动变化的原因和方式，提出矛盾的对立统一和事物的运动变化发展观，体现了丰富的辩证法思想。

　　王夫之的辩证法可以从他的宇宙生成论谈起。在王夫之以前，就有很多学者讨论过宇宙的生成问题，其中对王夫之产生重要影响的主要是《周易》的先天后地（即先乾后坤）说，张载的"气之本体"的宇宙生成论和王廷相的"元气"生成万物等观点。王夫之总结《周易》中的乾坤内容，对前人的思想进行了批判性继承，提出"乾坤并建"的观点。首先，他在《周易外传》中指出"万物日受命于天地，而乾坤无不为万物之资"，指出乾坤是万事万物生成的资本，是宇宙的起源。其次，王夫之还论证了"乾坤并建"化生万物的规律，乾象为天，坤象为地，天的阳性和地的阴性相交错生成了形形色色的事物，"一阴一阳之谓道，天地之自为体，人与万物之所受命，莫之然也"（《周易内传》），他认为一阴一阳的变化规律就是天地万物本身所固有的发展规律。

　　那么，阴阳二气的变化规律是什么呢？王夫之指出运动是阴阳二气所固有的属性和本质规律，宇宙空间是气的不停运动："太虚者，本动者也。动以入动，不息不滞。"（《周易外传》）他又说："二气之动，交感而生。"（《思问录》）确认运动的作用在于化生万物。在阴阳二气中，阳气属动，阴气属静，阴阳二气凝聚成的事物也有动静两种属性：一方面，万事万物都处于不断的运动变化之中，另一方面，静止的作用又使事物的形态得以区分。王夫之肯定了万事万物都在不停运动变化，运动就是绝对的，而静止是相对的，他在《思问录》中指出，"静即含动，动不舍静"，"静者静动，非不动也"，静止都是相对于运动的静止，是运动中的静止，是运动的一种状态。

　　既然肯定了"太虚本动"，世间万物都在不停地运动变化着，那么运动变化的源泉和动力是什么呢？王夫之在《老子衍》中指出："天下之变万，而要归于两端。"可见，王夫之认为，"两端"是事物运动变化的原因，那么，"两端"又是指什么呢？王夫之在《张子正蒙注》中指出："物物有阴阳，凡事如之。"阴阳本义是日光的向背，在王夫之的哲学中，阴阳则有对立的意思。在他看来，世界上的各种事物，都是由既对立又不可分离的阴阳二气结合而成的，说明客观世界的事物内部都含有既对立又相互依存的两个方面，这两个方面，就是推动万物运动变化的"两端"。

接下来的问题又出来了，"两端"是如何引起事物的运动变化的呢？王夫之对此也有论述。他认为两端的变化形式多种多样，究其根本原因在于上文提到的"交感"作用。王夫之认为阴阳二气的交感作用形成万物的生长变化，因此事物内部都存在着阴阳两端。"凡天下之物，一皆阴阳往来之神所变化"（《张子正蒙注》），"一气之中，二端既肇，磨之荡之，而变化无穷"（同上），事物内部这两个对立面互相推移、磨荡，屈伸往来，因而变化无穷，推动事物的变化。

认为物物有阴阳，说明王夫之已经认识到了矛盾的普遍性；阴阳交感运动促成事物的运动变化，说明他已经认识到了矛盾是事物变化发展的动力。不仅如此，王夫之还剖析了统一体中"一"和"二"的相互关系，提出"分一为二"、"合二以一"的矛盾对立统一思想。

王夫之首先论述了"一"和"二"的内涵："自其合同而化者，则浑沦于太极之中而为一；自其清浊虚实大小之殊异，则固为二。"（《周易内传》）"一"指阴阳未分的太极状态、统一状态，"二"指阴阳两端，既事物内部的两种对立面。王夫之认为，天地间的事物都有阴阳对立的双方，统一体由于一动一静的矛盾运动，分裂为二，这就是"分一为二"；阴阳对立的双方处于一个统一体中，"独阴不成，孤阳不生"（《张子正蒙注》），只有矛盾的双方互相结合才能使事物得以生成和发展，这就是"合二以一"。上文已经提到，王夫之充分肯定了对立的"两"是事物发展的动因，但他又不片面的强调"二"的作用，充分认识到"两"存在于"一"中，"一"为体，"二"为用，没有对立双方的相互依存，也就谈不到运动变

化，"分一为二"和"合二以一"是相辅相成的。"分一为二"、"合二以一"的思想说明王夫之对矛盾的对立统一有深刻的见解，他已经有了从统一中把握对立，在对立中把握统一的思想。

此外，王夫之还阐发了矛盾双方在一定条件下可以相互转化的思想。他在《周易外传》中有这样一段话："进极于进，退者以进；退极于退，进者以退。存必于存，邃古之存，不留于今日；亡必于亡，今日所亡，不绝于将来，其局不可得而定也。"这句话的意思是，前进到极限就会转化为后退，后退到极限也会转化为前进，远古的事物到今天都消失了，但今天的事物未必在将来也消失，进和退、存与亡都不是绝对的，它们在一定条件下会转化为它的对立面。在王夫之看来，矛盾的双方在不断地往复、消长中达到某种平衡，当二者的变化达到某种程度时，就有可能打破这种平衡而发生突变，使事物的性质发生转变。因此，人们要以全面发展的观点看待矛盾的事物。

王夫之辩证法的另一个重要问题是运动变化的方向、趋势问题。在中国哲学史上，很多人持停滞、循环甚至倒退的观点，王夫之则持发展的观点，提出"天地之化日新"（《思问录》）的思想。

在《思问录》中，王夫之有这样一段论述："天地之德不易，而天地之化日新。今日之风雷非昨日之风雷，是以知今日之日月非昨日之日月也。"另有："质日代而形如一，无恒器而有恒道也。江河之水，今犹古也，而非今水即古水。灯烛之光，昨犹今也，而非昨火之即今火。水火近而易知，日月远而不察耳。爪发之日生而旧者消也，人所知也。肌肉之日生而旧者消也，人所未知也。人见形之不变而不知其质之日迁……"这段话阐述了天地间虽有永恒不变的发展规律，却没有永恒不变的具体事物。我们根据形状的变化知道水火不是之前的水火，爪发不是之前的爪发，却不知道外形不变的日月、肌肉每天也都在发生质的变化。天地万物每天都有旧质的逐渐消亡和新质的逐渐产生，这就是"天地之化日新"的含义。

王夫之把旧质代替新质的过程分为"内成"和"外生"两类。"内成"是指事物内部的渐变，以生物生死的一个周期为例，他把生物的发展变化分为五个阶段：第一阶段是阴阳之气聚集萌生生物的阶段；第二阶段阴阳相感，产生动静，是生物的发育期；第三阶段是"灌注"阶段，生物成长壮大逐渐成形；第四阶段是事物的衰减阶段；第五阶段生物湮灭。这五个阶段都属于事物内部的渐变过程，属于"内成"。"外生"是指由一事物发展成为另一事物，旧事物被新事物代替，是质的飞跃。王夫之认为"新故相推，日生不止"（《尚书引义》），"外生"，即事物的质变是世界发展的必然规律，是宇宙向前发展的生命力。王夫之把事物的"内成"和"外生"看做世界由低级向高级发展的进步趋势。

综上所述，王夫之已经从客观事物的运动变化揭示了矛盾的对立统一及世界的发展前进，那么，客观世界的这种变化发展是否有规律可循呢？王夫之的答案是肯定的。他继承了《周易》中"常"、"变"的内涵，（《周易》讲"动静有常"、"一阖一辟谓之变"，"常"指恒久，也就是不变的法则；"变"指变化。）提出自己的观点，认为"变"是不经常的，是偶然的现象，"乘之时者，变也"（《周易外传》），而"常"是天地万物固守的常理，是事物的一般规律，"天地固有之常理而非其变。若此者，固将以为可恒久之道也"（《周易内传》）。另外，王夫之论述事物的发展时也提出"天地之德不易"和"无恒器而有恒道也"，可见他认为世界万物的运动变化一直是有规律的。

王夫之把运动变化观建立在朴素唯物论的基础上，辩证地论证了世界的存在状态，他的观点不仅停留在理论阶段，还和自然界、社会生活密切相关，使他的哲学体系倍增光辉，值得后世研究借鉴。

中国古代哲学思想

四、认识论

　　王夫之的唯物论和辩证法系统地介绍了世界的物质性及其存在方式，那么，人是否可以认识这个客观世界，又该以什么方式认识客观世界呢？他从"能"、"所"的关系出发，探讨了"格物"与"致知"、"知"与"行"等问题，运用朴素的唯物辩证法把认识论发展到一个新的水平。

（一）　"能"与"所"

　　主观与客观的关系是认识论的首要问题，王夫之通过对"能"、"所"关系的探讨解决了这一问题。"能"与"所"原是佛学的一对范畴，名僧僧肇在《肇论·般若无知论》中说："般若即能知也，五阴即所知也。"可见，"能"就是能知，是主观认识，"所"就是所知，是认识对象。佛学提出这两个概念来区分主观和客观后，销"所"于"能"之中，让主观吞没了客观。后世的理学和心学受佛教影响，也混淆了主观和客观的关系，以"能"为"所"，甚至把一切事物都看做心的体现。王夫之批驳了上述观点，改造了佛学的"能"、"所"范畴，重新界定了主体与客体之间的关系。

　　王夫之在《尚书引义》中说："其所谓'能'者即用也，所谓'所'者即体也……所谓'能'者即思也，所谓'所'者即位也……所谓'能'者即己也，所谓'所'者即物也……"他把能所解释为体用、思位、己物，并分别从这三个方面论证了"所"的第一性和"能"的第二性。

　　首先，"所谓'能'者即用也，所谓'所'者即体也"，王夫之把"所"看成是事物的"体"，"能"看成是"用"，他认为，"体"是事物的形体、实体，不从属于主体，而是离开人们的主观意识独立存在的事物；"用"是指功能、属性，是客观事物作用于人的主观表现。他在《周易外传》中用车乘、器贮形象地说明了两者的关系："无车何乘？无器何贮？故曰体以致用；不贮非器，不乘非车，故曰用以备体。"车是"体"，有车才有乘的作用，同样，有器才有储存物品的作用，因此，有"体"才能产生"用"；相反，没有乘的作用不是车，没有储藏作用的不是器，"用"是"体"的作用。王夫之用"体"相对于"用"的第一性，形象地比喻了"所"对"能"的决定作用，证明了"所"的第一性和"能"的第二性。

第二，"所谓'能'者即思也，所谓'所'者即位也"，王夫之用"思"、"位"来说明"能"、"所"的关系。"思"是思考，"位"是位置或处境，王夫之认为有"位"才有"思"，人之所以认识天地的存在是因为天地有了固定的位置，"故曰'天地有定位'，谓人之始觉，知有此而定位也，非有所在有所不在者也"（《周易外传》），"人之始觉"是能，它发生在"天地定位"之后，人之所以有认识是因为天地定位的客观存在，而不是什么"有所在有所不在者"的问题。因此，"思"在"位"之后，客体是第一位的。

最后，"所谓'能'者即己也，所谓'所'者即物也"，"己"当然是指主体，"物"则是自然界的客体，王夫之直接把"能""所"与主客体联系在一起，认为"物"作为认识对象，必须确实存在，才可以去认识，才能使"己"发挥作用，因"所"以发"能"，证明了"所"的第一性。

如上所述，王夫之从体用、思位、己物等方面证明了"所"决定"能"，客体决定主体，坚持了唯物主义认识论的前提主观认识是客观对象的反应，摆正了主观与客观的位置。

客体对主体固然有决定作用，但王夫之的认识论不局限于此，他还指出人在客观世界面前具有认识的主动权，并在一定程度上看到了主体对客体的能动作用。

王夫之在《尚书引义》中说："己欲交而后交，则己固有权已。""交"是指人接触外界事物，"权"是指人的主动性，他认为人对外界事物是有认识的主动权的。"有物于此，过乎吾前，而或见焉，或不见焉。其不见者，非物不

来也，已不往也。"（同上），人对外界事物认识
不认识，不取决于事物，而取决于主体是否发挥
认识的主动性。

王夫之还指出，只有发挥主动性，对事物的认识
才能不断深化和发展，对事物的认识不断深化和发展，才能
深刻认识事物的本质，并在此基础上发挥能动作用，"治
器"、"用器"（《周易外传》）、"以知能之力推而行之"
（《四书笺解》）。关于主体对客体的能动作用，王夫之认为并
不是无条件的，"能"产生于"所"，就必然不能与"所"分离，因此，王夫之
提出"能"必副其"所"，必须在对客观事物如实反映的基础上发挥能动作用，
不能偏离实际，走唯心主义的道路。

（二）知觉的产生与"格物"、"致知"两个阶段

明确了主观与客观的关系后，王夫之又论证了主观是如何认识客观的，即
知觉的产生问题。他认为，知觉是认识活动的开始，知觉的产生需要三个条件：
"形也，神也，物也，三相遇而知觉乃发。"（《张子正蒙注》）

这里涉及知觉和形、神、物几个概念。他对知觉的解释见于《读四书大全
说》："随见别白曰知，触心警醒曰觉。"一看就明白是什么叫"知"，通过思考
对事物有所了解的叫"觉"，知相当于感性认识，觉相当于理性认识。"形"是
指耳、目、口、体等人的感觉器官，它们的作用是"由目辨色"、"由耳审声"、
"由口知味"（《尚书引义》），"视听之明，可以摄物，心知之量，可以受物"
（《张子正蒙注》），总之，感官可以反映外界事物，"形"是知觉发生的必要条
件。"神"指精神、思维，它们既支配肢体活动，也支配着知觉的发生，王夫
之在《尚书引义》中说："一人之身，居要者心也。而心之神明，散寄于五藏，
待感于五官。"可见，感官是理性思维的载体，理性思维靠感官达到对事物的认
识。"形"和"神"都是知觉发生的主体条件，"物"则是知觉发生的客观源
泉，是认识的对象，它包括从自然界到人类社会的一切事物："天之风霆雨露
亦物也，地之山陵原隰亦物也……凡民之父子兄弟亦物也，往圣之嘉言懿行亦
物也……"（《尚书引义》）可见，物是知觉的源泉，形是认识的桥梁，神在知
觉中起控制作用，形、神、物这三者相遇，知觉才会产生。

王夫之还认为，在知觉产生过程中，有感性认识阶段和理性认识阶段，即"格物"和"致知"两个阶段。

"格物致知"是《礼记·大学》中首先提出的思想，因其意义不明，后世对此有很多不同的理解，主要的是理学和心学两派的解释。以朱熹为代表的理学家认为，"格物"和"致知"是认识"理"的两种途径，以王阳明为代表的心学家认为"格物致知"就是获得心中的道理。王夫之则对格物致知作了全新的解释。

王夫之认为，"格物"和"致知"是认识的两个阶段。"格物"阶段是认识的前一阶段，即感性认识阶段，他在《读四书大全说》中讲："大抵格物之功，心官与耳目均用，学问为主而思辨辅之，所思所辨者，皆其所学问之事。"可见，在格物阶段，以感觉器官为主，思维器官为辅，主要任务是广泛地认识事物的现象，获得学问，这是认识的第一步，在整个认识过程中有极其重要的位置。但是，人们不能只停留在对事物现象的认识，格物阶段还有待升华为理性认识，即认识的后一阶段致知。在致知阶段，"其功唯在心官，思辨为主，而学问辅之"（同上），以思维器官为主，感觉器官为辅，主要任务是对感性认识提供的材料进行理性思辨，即通过思维的归纳总结，由表及里，达到对事物本质的认识。

由此，王夫之明确了知觉的过程分为"格物"与"致知"前后两个阶段，格物才能致知，二者的顺序不可颠倒。与此同时，他还提出"格物"与"致知"不能偏废，"格物"是"致知"的前提，"致知"是"格物"的目的，二者相互依存，不可分割，联系在一起才能实现感性认识向理性认识的升华。至此我们可以看出，王夫之对知觉的认识是全面而深刻的。

（三）"知"于"行"

除了对主客体关系的阐述和对知觉的认识，王夫之还把实践引入到认识论中来，探讨了"知"与"行"的辩证关系。知行这对范畴早在先秦时期就已经提出，讲的是认识与实践的关系。之前的学者对知行的探讨多是围绕二者的主从关系、地位轻重等问题，王夫之创造性地继承了前人的一些观点，提出全新的知行观。

在知行关系中，王夫之明确指出"行乃以为知之实"（《四书训义》），有行之实才有知，只有在实践中能产生正确的认识。在知行关系中，他认为行是知的基础，并从三个方面论证了行对知的决定作用。首先，王夫之认为行高于知，他认为在知行二者中，思维认识不如身体力行，提出"行可兼知，而知不可兼行"（同上），行可以有知的功用，知却不能有行的功用；
"行焉可以得知之效也，知焉未可以得行之效也"（同上），行可以得到知的效果，反过来却不可以，他的很多论断都说明行高于知。其次，王夫之还认识到行是检验知的标准，"求知之者，固将以力行之。能力行焉，而后见闻讲习之非虚，乃学之实也"（同上），只有身体力行后才知道所知是真是假；又有"听其言，勿能信也，必观其行之勤，而后许其上达"（同上），在儒学中，"上达"是达仁，这句话表明，判断一个人是不是上达的君子并不是靠他的言行，而是靠他的"行"，表明应以实践来检验认识是否正确；此外，他还有"力行而后知之真也"（同上）等论断，阐述了实践才是检验真理的标准。最后，王夫之指出，行贯穿知的整个过程，不仅是检验知的标准，也是知的最终目的，"知之尽，则实践之而已"（《张子正蒙注》）。可见，王夫之不仅认识到实践是认识的来源和基础，还肯定了实践是检验认识的客观标准和最终目的，"行"决定"知"，在认识过程中占主导地位。

强调行在认识中的决定作用的同时，王夫之也充分肯定了知对行的指导作用。他在《周易外传》中指出"知之不彻者不可以行"，知对行有指导作用，认识不清楚而行就是盲目行动。《四书训义》中又有："非知之明，而何以行之至？"实践应以正确的认识为前提，认识不明确，又怎么能实行到位呢？《读四书大全说》中概括了知与行的辩证关系："由知而知所行，由行而行则知之，亦可云并进而有功。"通过"知"才知道"所行"，知的作用是指导如何去行，"由行而行则知之"，行的作用是检验知，二者各有功效，互相促进。

王夫之在坚持辩证唯物主义的基础上创造性地阐述了很多认识论的基本问题，他不仅明确提出了主体和客体的关系，还肯定了人的主观能动作用；不仅深刻地阐述了知觉的发生与发展，还对感性认识和理性认识进行了区分；不仅把实践引进认识当中来，还肯定了实践在认识过程中的重要性……王夫之的认识论已经接近了能动反映论的水平，为后世的哲学研究作出巨大贡献。

五、人性论和人生观

（一）人性论

　　人性是哲学中争论较多的问题，历代学者对人性都有不同的主张。孔子在《论语》中说"性相近也，习相远也"，天生的人性是相近的，后天的影响才使得人的差距较大；孟子主张性善论，认为人天生就有仁义礼智的道德内涵；荀子则持后天的性恶论，认为人的社会属性是贪利、放纵；张载把人性看做"气质之性"，脱离开社会谈人性；朱熹认为性只是理，人之所以有善恶，是因为气质有清浊……

　　王夫之以前的学者大多把人性一分为二，以善恶论之，王夫之则另辟蹊径，用朴素的唯物辩证法分析人性，认为人性"日生则日成"（《尚书引义》），强调后天的"习"的作用。

　　首先，王夫之认为人性有先天、后天之分，"先天之性天成之，后天之性习成之也"（《读四书大全说》）。他认为，"先天之性"是由气构成的，是与生俱来的，是自然赋予人的，它具有理和欲两方面内容，理是指仁义礼智之理，欲则是声色臭味之欲，理与欲都是合乎天理的，二者并不矛盾。但是，气又是不断更新的，人性也不是一成不变的，"气日生，故性亦日生"（同上）。随着人的成长，感觉和思想都在逐渐发生变化，人性也就日趋成熟，"日生则日成"，这是他朴素辩证法在人性论上的具体应用。总之，先天之性中的理和欲是自然赋予的，后天之性则是"习"获得的，是人为而成的，人性的形成是先天到后天的全过程。

　　其次，王夫之发挥了孔子的"习"的思想，强调"习"在人性生成过程中

的重要作用。他在《读四书大全说》中说道："而习者，亦以外物为习也，习于外生于中，故曰'习与性成'。此后天之性所以有不善，故言气禀不如言后天之得。"（同上）认为性格的形成是由于后天的"习"，否定了先验的善与恶，肯定善恶是由于后天的"习"。不只是善与恶，王夫之认为人的

聪明才智之所以不同，也不是天生形成的，而是后天的"习"造成的，因此，他主张人应该"自强不息，日乾夕惕，而择之、守之、以养性也"（《尚书引义》），通过后天的努力使得人性趋于善，远离恶。

在他的人性论中，有一点非常值得注意，那就是他的先天之性包含的两部分理和欲。王夫之对理欲关系的探讨是他人性论的重要组成部分。"理"与"欲"，即天理与人欲，指的是道德观念和人的物质欲望，二者的关系是哲学家们探讨的重要问题，在王夫之以前，很多学者视人欲为天理的对立面，认为欲望是万恶之源，主张存理灭欲。王夫之对上述观点进行了批驳，从根本上肯定了理欲的统一和欲望的合理性。

上文已经提到，王夫之认为理欲都是人的先天之性，仁义礼智和声色臭味都是自然赋予人的本性。在此基础上他又指出，理欲并非截然对立，二者之间没有严格界限，"如兵农礼乐，亦可天理，亦可人欲。春风沂水，亦可天理，亦可人欲"（《读四书大全说》），被视为人欲的"兵农礼乐"也可以作为天理，被划分为天理的"春风沂水"也可以是人欲，天理与人欲的界限只是在公私的划分上，"人欲之各得，即天理之大同"（同上），只要人欲各得到满足，就是共同的天理，天理存在于人欲之中，二者不是互相排斥的，并不能把它们对立起来。由此，王夫之不只论证了理欲的统一，还肯定了人欲的合理性。

肯定了理欲的合理性后，如何处理天理与人欲的关系呢？王夫之主张"人欲中择天理，天理中辨人欲"（同上），在人欲中选择天理，就是用天理来指导人欲；在天理中辨人欲，就是要在天理中实现人欲。由此，王夫之反对两种错误倾向，一种就是上文提到的"存理灭欲"的观点，王夫之对其进行了批判。他指出"若遏欲闭邪之道，天理原不舍人欲而别为体，则当其始而遽为禁抑，则且绝人情而未得天理之正，必有非所止而强止之患"（《周易内传》），如果强行遏制人的欲望，既违反人之常情，又不符合天理，必然会带来严重的后果。

王夫之反对的另一种是纵欲，在《周易外传》中指出："欲不可纵。""父子夫妇以利相接，沉湎于货财，食色之中，而人道之异于禽呼鱼吹者无几。"（《诗广传》）人如果只知道放纵欲望，追求物质享受，就和禽兽没有什么区别了。因此，王夫之主张以理制欲，他在《周易内传》中说："以理制欲者，天理即寓于人情之中。天理流行，而声色货利从而正之。"用理来约束人的欲望，才能使理欲各得其宜。由此，通过对理欲关系的探讨，王夫之打破了传统的束缚，阐明了人先天欲望的合理性，对人的天性有了较开明的认识。

综上所述，我们可以看出，王夫之充分认识到了人性的形成包括先天后天两部分，并且提出后天习得的重要性。既然王夫之对于人性有这样的深刻认识，那么他本人又是如何通过后天习得发展自身人性的呢？可以说，王夫之一生都以正确的人生态度孜孜不倦地追求人性的升华，他所达到的精神境界为后人留下了宝贵的财富。下面我们就对他的人生观作简单的介绍，从中探视他是如何贯彻自己的人性论的。

（二）人生观

人为什么活着，人生的意义在哪里，这是人活在世上都在思考的问题，也是人生观的核心问题。王夫之对待人生，可以用一句话来形容：不虚此生。

王夫之一生历尽磨难，但他从未停止奋斗：清兵占领中原，虽然明朝力量薄弱，他依然把生死置之度外，为抗清出谋划策，三赴永历政权，甚至武装起义，为抗清献出自己所有的力量，直至遭人陷害才不得已退出政治舞台，与明朝政府失去联系后，王夫之又在清军的追捕下四处流亡，居无定所，可他在饥寒交迫中仍坚持理论创作，为民族复兴寻找出路，直至逝世前也未曾放弃著述。他的一生，无论条件如何艰苦，都不曾虚度，正是他在《宋论》中所说的那样"生不虚而死不妄"。

正是本着不虚此生的态度，王夫之尊重生命的权利，主张爱护生命，在清政府的追捕中，宁可改姓易名隐居荒山，过着饥寒交迫的生活，也不轻易放弃生命。但是，他珍视生命，并不是畏惧死亡，更不是为了享乐，而是为了尽自己的义务，他在《四书训义》中说道："死者天之事，生者人之事，人所必尽者，人而已矣。"人活在世上就要尽应尽之义务，发挥自己的积极能动作用改造天地。王夫之把"义"视为做人的根本原则，"生以载义，生可贵，义以立生"（《尚书引义》），人的生命价值就体现在承担义上，义是生的资本，比生更加可贵。因此，王夫之要求人活着就必须承担义务："一日未死，而有一日必应之物理；一日未死，而有一日必酬之变化。"（《四书训义》）如果生而不承担义务，只知道追求享乐甚至出卖国家民族，那就是民族败类了，王夫之对此等人是最不耻的。

王夫之珍视生命，一生承担了民族复兴和学术著作两方面大义，可以说达到了生的最高境界，但他更不是贪生怕死之徒，否则他就不会投入到抗清的斗争中去并发动武装起义了，即使在清政府"留发不留头"的剃发令逼迫下，他也未曾动摇过，以完发而最终维持了尊严。可以说，王夫之以其"生不虚而死不妄"的精神完美地演绎了人性的乐章。

六、历史观

王夫之十九岁时就随叔父王廷聘博览史籍，掌握了丰富的历史知识，他的一生在史学方面有很大成就，很多著作像《永历实录》《宋论》《春秋家说》《春秋世论》等，都是史学巨著，某些哲学领域的著作像《读通鉴论》等也包含了丰富的史学思想。他的历史观史论结合，提出了很多独到的观点，至今仍有深远的现实意义。

历史观的核心问题，当然是历史发展的方向问题。在王夫之以前，很多人认为历史的过程，不过是治乱循环，王夫之则持鲜明的历史进化论。他按照社会经济文化的发展水平把人类历史分为若干阶段，认为社会在发展中逐渐进步。首先，是远古蒙昧时代，王夫之认为，这时候人们还没能把自己和自然界区分开来，还处于茹毛饮血的状态，人们群居于洞穴之中，根本谈不上文明。随着社会发展，人类发明了火和工具，学会了种植，才渐渐进入了农业文明时期，这时候人们已经过上了定居生活，并有了酋长统治的政治。在此基础上，秦朝开始了封建统治，人类走向封建社会，有了政治、经济、文化的发展。王夫之肯定随着时代的变迁，人类文明逐渐提高，社会逐渐进步，这是他历史进化论的基础。

王夫之的历史进化论并未止于此。封建社会发展到明朝已经经历了千年之久，这期间，封建王朝几经更替，很多人认为这是历史的循环。王夫之则认为，任何朝代和社会都不可能永远维持统一、稳定的局面，"天下之势，一离一合，一治一乱而已"（《读通鉴论》），国家的统一就是治，分裂就是乱，统一的相对稳定中必然蕴含着动乱的因素，积累到一定程度就必然会打破原有的平衡。在他看来，经过一定的动乱之后，社会又将重新建立它的秩序，出现新的稳定的局面。历史就是在这样一治一乱的更替中不断向前演进的。但是，这样的治乱绝不是简单的往复循环，而是新事物代替旧事物的不断前进，这和他的矛盾运动观点不谋而合。从他的历史进化论中，我们可以

中国古代哲学思想

看出，王夫之已经认识到了历史的发展并非是直线前进的，其进程中必然会有一定的挫折或短暂的倒退，但总的发展趋势是在曲折中前进。可见，王夫之建立在辩证唯物论基础上的历史进化观是十分正确的。

肯定了历史在发展前进的同时，王夫之还总结了"理势相成"历史发展规律。王夫之在他的理气观中提出了"理依于气"、"气无非理"的观点，说明世间万物都有自己的发展规律，他把这个观点应用到历史发展中来，认为历史也有自己的发展规律，这个规律就是"理"。历史的发展前进不是偶然的，它有自己发展的必然趋势，这就是"势"。他把"理"和"势"统一在一起，论证了历史发展的必然性和规律性的统一。

首先，王夫之认为理中有势，势中有理。他在《读四书大全说》中说道"理当然而然，则成乎势矣。'小役大，弱役强'，势也。势既然而不得不然，则即此为理也"，"当然而然"是理，"不得不然"为势。此书中又说："迨已得理，则自然成势，又只在势之必然处见理。"可见，王夫之认为，自然而然的道理中必然包含着一定的趋势，而这种趋势中也必然能看得见理，得理才能成势，顺势才能成理，二者的关系是你中有我、我中有你，不可分割的，正如他在《尚书引义》中所说的"势者事之所因，事者势之所就，故离事无理，离理无势"。

其次，王夫之又以史实来论证了历史发展的"理势相成"规律。他在《读通鉴论》中写道："郡县之制，垂二千年而弗能改，合古今上下皆安之，势之所趋，岂非理而能然哉？"中国古代封建社会的郡县制度已经实行了两千年之久，人们都安然接受，说明这个制度是符合历史发展趋势的，符合历史发展趋势的不是理又是什么呢？说明郡县制是历史发展的趋势与规律的统一。

肯定了理势的统一之后，王夫之还指出，历史发展进程中的"理"决定"势"的发展，理的恰当与否会导致势的顺利与不顺利："势之难易，理之顺逆为之也。理顺斯势顺矣，理逆斯势逆矣。"（《尚书引义》）因此，王夫之主张"大智者以理为势，以势从理，奉理以治欲而不动于恶"（《春秋家说》），聪明人要奉守理，不能一味穷奢极欲。此外，他也肯定了势的重要作用，"时异而势异，势异而理异"（《宋论》），时势会发生变化的，理也会发生变化，人们要适应形势发展而采取不同的应对措施。因此，王夫之主张人要在历史进程中把握理势的时机，"有智慧而无可为之势，则不如乘时者之因机顺导"（《四书训义》），有智慧不如抓住时机行事，可见把握理势的重要性。

综上所述，王夫之肯定了历史前进的必然性和规律性，对历史有着一系列卓越的认识。但是，历史是社会的历史，每个人本身都是历史的组成部分，作为一个地主阶级知识分子，王夫之对历史的观点不可能做到完全公正，其中必然有些偏颇的部分，就像第一部分内容提到的，他对农民阶级存在着一定的偏见，对农民起义在历史进程中的作用认识还不够深刻，诸如此类问题我们应当正确认识，不能对其一味吸收。

从以上内容可以看出，王夫之哲学理论体系的各部分内容基本是一致的，他肯定了世界的物质性，在论证了物质的运动规律的基础上，发展了他的认识论、人性论及历史观，把朴素唯物论和朴素辩证法有机地结合在一起，形成了系统完备的理论体系，创造了朴素的辩证唯物主义哲学，王夫之真不愧是中国古代哲学的集大成者和总结者。

中国古代哲学思想

七、社会政治思想

王夫之不只是我国古代哲学的集大成者，他丰富的社会政治思想也同样令人叹为观止。笔者将分别介绍王夫之的民族思想、政治思想以及教育思想，希望能通过这些内容和他哲学思想的结合，建立起一个全面、立体的王夫之形象，使读者对他有更加深入的认识。

（一）民族思想

我们已经熟悉了王夫之的生平，虽然他人生的大部分时光是在清政府统治下度过的，但是，他至死都以明朝人自居，始终不承认清政权。在了解王夫之毫不妥协的气节的同时，深究其思想基础也有着重要意义。

王夫之的民族思想源于我国古代的"华夷之辨"。古代华夏族群居于中原地区，是文明的中心，周边的民族文化则比较落后，因此，就逐渐产生了华夷之分，符合华夏礼俗文明的为华（夏），不符合的则被称为（蛮）夷。显然，称少数民族为"蛮夷"有轻视的意思。王夫之在《读通鉴论》中说道："夷狄之与华夏，所生异地，其地异，其气异矣。气异而习异，习异而所知所行蔑不异焉。"可见，王夫之也对少数民族和汉族进行了区分，称少数民族为蛮夷，认为他们和华夏民族之间由于生活的地域不同而习气不同，进而思想和行动都不相同。

有了这样的思想基础，再来理解王夫之的民族思想就不难了。首先，王夫之认为少数民族和汉族之间应该保持这种差异，不应互相侵扰："语曰：'王者不治夷狄'，谓沙漠而北，河洮以西，日南而南，辽海而东，天有殊气，地有殊理，人有殊制，物有殊产，各生其所生，养其所养，君长其君长，部落其部落，彼无我侵，各安其纪而不相渎耳。"（《宋论》）可见，他认为各民族都有不同的特点，在遵守自己的纪律的同时，不能扰乱别的民族，民族间应该和睦相处。在此基础上，他批判了历史上汉族压制少数民族的行为，认为班超驻守西域、后汉进攻西羌等都属于非正义的压迫行为。作为汉族人，王夫之并不偏袒华夏民族某些时期恃强凌弱的行为，可见，他对历史的态度还是十分公正的。

但是，历史上也有很多少数民族对汉族进行过侵扰，王夫之所处的时代恰恰又正是满族入关的时代，他的民族思想更多是面对外来的民族压迫提出来的。首先，面对外来压迫，王夫之并不是一味指责外族的行为，而是更多地从汉族内部找原因，他认为外族之所以来侵，是汉族统治者中的某些昏君和佞臣贪心的结果，是汉族经常出兵攻打少数民族招来的后果。其次，王夫之从维护民族利益出发，希望汉族能加强自己的防御，增强军事力量，通过巩固政权来避免少数民族的统治，因此，王夫之对历史上的民族英雄都十分赞赏，认为汉武帝刘彻等人的丰功伟绩是完全正确的。不仅如此，王夫之还把维护民族利益看得比君臣名分更重要，他在《读通鉴论》中说："不以一时之君臣，废古今华夏之通义。"他认为维护汉族人的统治才是古今之"通义"，为了维护这个"通义"，即使臣子代替君主也是可以接受的。他还以桓温、岳飞为例："桓温之北伐，志存乎篡也……即令桓温功成而篡，犹贤于戴异类以为中国主"（《读通鉴论》），"飞而灭金，因以伐宋……"（同上）。他认为，桓温、岳飞取君主而代之总比汉族人被外来民族统治好得多。可见，王夫之十分重视民族独立。

基于这样的思想，王夫之特别憎恨历史上的汉奸，也特别反对投降行径，对历史上卖国求荣的小人和投降主义的倾向大加批判。也正因为如此，王夫之本人在明清对抗中一直坚持抵抗，即使永历政权日趋腐败，他也未曾放弃抗清的斗争，他甚至还在三藩之乱时四处游走，想掀起反清复明的运动。王夫之的这些思想和他所处的时代背景是分不开的，他生活的年代正是明清交替、山河易主的时期，清政府取代明朝政府后，在中原实行残酷的统治，人民饱受压迫，王夫之对清政府的敌视态度对他的民族思想难免有所影响。我们很难说清是时代造就了他的民族思想，还是他固有的民族思想影响了他对清政府的态度，毕竟一个人的思想离不开时代的影响，二者应该是相辅相成的。

综上所述，王夫之的民族思想中包含了很多具有进步意义的因素，他反对民族间互相压迫的思想值得后世学习，但是，他的民族思想中也存在着一些错误的地方。首先，少数民族在历史的进程中也作了很多贡献，他把少数民族看做劣等民族，称之为"蛮夷"，这是极端错误的。其次，他认为少数民族只应该居住在自己的地方，不应迁入中原，甚至否定民族间的沟通，这是非常不利于民族融和与社会统一的，从长远的角度看也是影响社会进步的。此外，他也没能看清战争是统治者发动的，不分阶级地对侵扰过中原的少数民族人民一律怀仇视态度是不可取的。因此，我们对待王夫之的民族思想，要分清其积极影响和消极因素，决不能笼统地批判或赞扬。

（二）政治思想

我们知道，王夫之出生于没落的地主家庭，身处中小地主阶层的他，受到阶级出身和社会环境的限制，政治思想中不可避免地存在某些封建社会的糟粕。他强调封建等级制度，虽然明朝末期社会动荡，统治阶级给人民带来深重灾难，他也仍然认为人民应该维护君主的统治地位，另外，他还把封建士大夫看得高人一等，轻视一般商贾和社会底层的子弟。但是，尽管王夫之的政治思想中有很多不可取的地方，作为一个关心社会局势和人民疾苦的改革家，他的思想中也包含了很多正确的因素，值得我们注意。

王夫之生活的时代，正是明朝统治摇摇欲坠的晚期，人民不堪悲惨的生活纷纷揭竿而起，特别是李自成领导的农民起义军推翻了明王朝，崇祯皇帝吊死煤山，让王夫之深受震撼。他在以后的理论创作中深刻地意识到，要想维护封建统治，必须缓和社会矛盾，减轻人民的生活负担。他在《读通鉴论》中说道："严者，治吏之经也；宽者，养民之纬也，并行不悖，而非以时为进退者也……故严以治吏，宽以养民，无择于时而并行焉，庶得之矣。"可见，王夫之认为统治者应该对民宽、对吏严，二者同时进行，虽然他提出这样的政策根本上是为了维护封建统治，但这种思想中包含的爱民思想值得我们认真研究。

首先来看他的"严以治吏"。王夫之认为，对贪官污吏决不能姑息放纵，必须严加治理。他对历史上那些严惩贪官污吏的君主十分赞赏，认为像明太祖打击贪官污吏的行为就十分正确；而对于那些包庇贪官污吏的君主，王夫之则严加谴责，他认为明朝后期的统治着对待贪官污吏的态度过于宽松，这样做有很大危害，必须彻底改变。另外，王夫之认为官吏犯错不能只惩罚下级官员，对指使小官行恶的大官却不加惩罚，毕竟搜刮人民的根源在于那些上级官吏，他在《读通鉴论》中说道："严下吏之贪，而不问上官，法愈峻，贪益甚，政益乱，民益死，国乃以亡。"不从大官开始严加惩治，政权与社会终究会因为他们的贪图挥霍行为招致动乱甚至灭亡，因此，国家对待官吏一定要严。

再来看他的"宽以养民"。王夫之在《读通鉴论》中说："夫为政者，廉以律己，慈以爱民，尽其在己者而已。"他以仁爱观念对待人民，面对生活艰苦又负担沉重的人民，王夫之认为应该采取"宽"的政策，不应该对他们加以沉重的剥削，要做到这些，就要求统治者改革政策。王夫之对此提了一些建议，他认为对待贫苦农民，应该减轻徭役，遇到水旱灾害时，必须免去他们赋税使他们渡过难关，而对于那些持有大量土地的大地主，则应该增加赋税，这是他的抑制豪强的思想。在此基础上，他还要求统治者"欲得临民，亦须着意行简"（《读四书大全说》），希望以"简"作为行政的原则，通过革除繁琐的政令，减轻人民的负担。此外，王夫之的宽民思想还包括他的一些具体建议，这里就不再赘述。

鉴于明朝后期政治腐败，王夫之还提出他的法治思想，充分肯定了封建社会法治的作用。他在《读通鉴论》中说："法不可以治天下者也，而至于无法，则民无以有其生，而上无以有其民。故天下之将治也，则先有制法之主，以使民知上有天子、下有吏。"可见，他认为没有法就不会有君臣、子民，天下就得不到治理。另外，王夫之还十分肯定刑罚在法治中的重要性，主张对那些危害社会的不法分子严加惩治，体现了他对犯罪决不宽容放纵的思想。值得注意的是，王夫之虽然重视刑罚，主张用严厉的法治加强权威，却并不主张效法暴君

中国古代哲学思想

统治，反对任用酷吏，提倡实行法治而不暴虐，表达了他对残酷的封建统治的不满和希望革新的愿望。

王夫之不但重视法治，也十分注重选贤任能，主张将用人与行政统一起来，他在《读通鉴论》中说："用人与行政，两者相扶以治，举一废一，而害必生焉。"该书中还有："治之弊也，任法而不任人。夫法者，岂天子一人能持之以遍察臣士乎？势且仍委之人而使之操法。于是舍大臣而任小人，舍旧臣而任新进，舍敦厚宽恕之士而任侥幸乐祸之小人。其言非无征也，其于法不患不相傅志也，于是而国事大乱。"他认为，天子一人并不能对所有事情都明察秋毫，国事需要有贤能的人来辅佐，但是，如果只是任用小人，必然导致政治黑暗，国家混乱。他不仅希望君主能选贤任能，还主张培养人才，这在他的教育思想中有所论述，不再赘述。

（三）教育思想

王夫之十分重视教育，正如我们在前面所涉及到的，一方面，他认为人性的形成主要靠后天习得，人的聪明才智的差距都是后天的"习"造成的，因此，教育是在人性的形成中有着重要作用；另一方面，从政治角度考虑，王夫之认为国家的治理需要人才，君主选贤任能的前提是国家不缺乏人才，因此他主张大力兴办学校，发展教育。他不仅认识到教育的重要性，还在著作中渗透了很多值得学习的教育思想，对我们今天的教育教学仍有着指导意义。

王夫之认为，国家重视教育，不仅要增加受教育者的数量，更要提高教育的质量，这首先就要从改进儿童的教育开始。他在《俟解》中说道："养习于童蒙，则作圣之基立于此。"在他看来，儿童时期受到良好的教育是一个人成才的基础，因此，他十分强调对儿童的培养。王夫之还提出了对儿童进行教育的重点在于"正其志"（《张子正蒙注》），这里的"志"指的是人的奋斗目标，他认为儿童的思想还不成熟，最需要别人的指导，他们比较容易接受新鲜事物，又有较强的可塑性，趁这个时候采取适当形式培养他们的意志和情操，才能使他们树立正确的志向，将来成为对社会有用的人。他的这一观点正确地认识到了教师"树人"职责的重要性，是十分可取的。

此外，王夫之还对青年的教育提出了一些意见。他认为，当时的青年学习的都是一些不实用的知识，思想观念也跟着受了很多消极影响，国家要培养经世致用的人才，就必须加以改革。首先，王夫之提出了对教学内容的改革。明朝讲学的内容主要是儒家的四书五经，王夫之认为，学生学习这些内容不应该盲目地崇拜，应该对其中陈旧的部分果断地加以否定，对儒家经典采取扬弃的态度。另外，青年还应该多学习一些实用的知识，研究"天人、治乱、礼乐、兵刑、农桑、学校、律历、吏治之理"（《噩梦》），这样的主张充分地表现了王夫之学以致用的思想，对当时的教育有着重大的革新意义。其次，他还提出了要加强对青年的道德教育。他所说的道德教育，指的就是儒家倡导的"仁义礼智"，这对于培养德才兼备的人才，有着重要意义。

　　王夫之的教育思想不仅包含了教育的内容，还包含了很多具体的教学方法。首先，教师培养学生必须因材施教，他在《礼记章句》中说的"师必因材而授"就是这个意思。王夫之认为每个学生都有不同的基础和天分，又有不同的志向和特点，教师对待不同的学生要有不同的授课方式，比如，对待理解能力强的学生，要教以高深的知识，对待学习态度差而又没天分的学生则只能讲授他们可以理解的知识，否则就会造成不良的后果。其次，针对学生学习没有恒心的现象，王夫之提出教师要指导学生保持学习的持续性，让他们认识到学习的意义，做到"求知之功不间于一日"（《四书训义》）。再次，王夫之认为，教师传授知识不能生硬的灌输，而应该用启发引导的方式指导学生掌握正确的学习方法，让学生主动思考，形成解决问题的能力，"故善教者必有善学者，而后其教之益大"（同上），即学生主动学习才能有所收获。最后，和他的实学观念相结合，王夫之主张学生把学习的知识应用到实践中去："求知之者，固将以力行之也；能力行焉，而后见闻讲习之非虚，乃学之实也。"（同上）一个人学习的知识是否是真知，是否对他个人和社会有用，只有实践才能检验出来，这和他的知行观紧密结合，体现了他哲学思想的实用性。

　　综上所述，王夫之的教育思想中包含了很多实用、先进的因素。但是，和他的其他思想一样，他的教育思想也不可避免地有一些局限性，例如他认为只有地主阶级的子弟才有资格进学校接受教育，教育的目的是维护封建统治，教育的内容偏重政治伦理等，都非常落后甚至荒谬。我们对待他的教育思想，也该采取扬弃的态度，不能全盘肯定。

八、王夫之的历史地位及影响

  王夫之作为明末清初最杰出的学者之一，不仅在哲学方面有很大成就，在其他方面如文学、史学、经学方面也有很大影响。他一生留下著述三百多卷，共计九百余万字，除本书涉及到的哲学著作外，还有很多诗学著作如《唐诗评选》《明诗评选》《薑斋文集》《落花诗》《洞庭秋诗》《仿体诗》等，诗论专著如《南窗漫记》《夕堂永日绪论外篇》等合编为《薑斋诗话》，史学著作如《永历实录》《宋论》《春秋家说》《春秋世论》等，另外，王夫之还写过杂剧《龙舟会》，可见其著作内容之多、范围之广。他的一生，除了作为一个哲学家总结了我国古代的哲学思想外，还作为一个文学理论家与叶燮一起，被称为中国美学史上的双子星座，他的诗论和美学思想在文学史上占有重要地位，有兴趣的读者可以深入研究。

  王夫之一生取得了诸多成就，但奠定其历史地位的终究是他的哲学。他吸收了中国古代哲学的优秀成果，创立了朴素唯物主义和辩证法相结合的博大精深的哲学体系，还建立了能与所、格物与致知、知与行等辩证的认识论体系，并运用他的这些理论透彻地分析了人性和历史，提出了很多前人未涉及的新范畴。可贵的是，王夫之敢于向权威挑战，对经典的老庄虚无学说、汉代的天人感应、佛学的出世思想、理学的天理人欲观、陆王的心学及历史退化论等都做出了深刻的批判，将事物的本来面貌揭示出来，给后人指引了正确的方向。可以说，王夫之的思想汇集了我国传统文化的精华，他是我国古代哲学思想的批判总结者和最高发展者。虽然王夫之一生隐居著述、与世隔绝，但他的作品一

经后人发现，便如轰雷震响大地，产生了深远而巨大的影响，正像谭嗣同所说的："万物招苏天地曙，要凭南岳一声雷。"（《论六艺绝句》）他还这样高度评价了王夫之的历史地位："五百年来学者，真通天人之故者，船山一人而已。"（《清代学术概述》）

  王夫之还是中国古代社会政治思想的批判总结者，是近代启蒙思想的先驱。章太炎曾说过："当

中国古代哲学思想

清之季，卓然能兴起顽懦，以成光复之绩者，独赖而农一家而已。"（《船山遗书序》)，可见王夫之对清朝和近代的影响之大。首先，王夫之强烈的汉民族的自尊心支持他一生反对清朝统治，他不屈不挠的精神和民族独立的思想不仅增强了民族自豪感，还对戊戌变法和辛亥革命都产生了积极的影响。在国家统治腐朽，民族危亡的时刻，很多仁人志士受到王夫之思想的鼓励，章太炎称赞他为"民族主义之师"（《章太炎政论选集》)，孙中山说他："严《春秋》夷夏之防，抱冠带沉沦之隐，孤军一旅，修戈矛于同仇……而义声激越，流传人间……"（《中国同盟会本部宣言》)。其次，王夫之的政治思想对后世的革命家有启迪作用。他主张限制君主的权力，认为天下不是君主的私人财产，否定了"普天之下莫非王土"的思想，认为"王者臣天下之人而效职"，引发了后世的民主思想。他主张保障人民的基本生活，提出"宽民"政策，对生民立命的思想产生了深远影响。再次，王夫之的实学观念发展成后代经世致用的新学风，对后代废除科举起了推动作用，产生了积极的影响，梁启超在《论中国学术思想变迁之大势：近代之学术》中说道："乾嘉后，汉学家之说经，往往有自矜创获，而实皆船山诸经稗疏所已言者，故船山亦新学派之一导师也。"认为王夫之对后代的新学风有引导作用。此外，王夫之提出理欲皆是人的天性的一部分，肯定了人的欲望的合理性，这在中国思想史上的地位简直可与西方的文艺复兴相媲美，后世的谭嗣同、戴振等人直接继承了他的这一思想，用其作为思想改革的武器。他对后世的影响十分广泛，总的说来，王夫之精深的理论和辩证的思想已经升华为中国传统文化的一部分，成为后世学习的典范。

王夫之的思想，是 17 世纪特殊历史条件下产生的时代精华。他生前或四处流亡，或隐居荒野，全部著作都没有机会面世，直至去世，一些著作才逐渐整理刊印出来，但是，由于时代原因，他的作品一直没被重视起来。1840 年鸦片战争以后，中国的一些进步思想家积极寻求民族自救的思想武器，国人才得以逐渐接触到王夫之的作品。